Wo die wilden

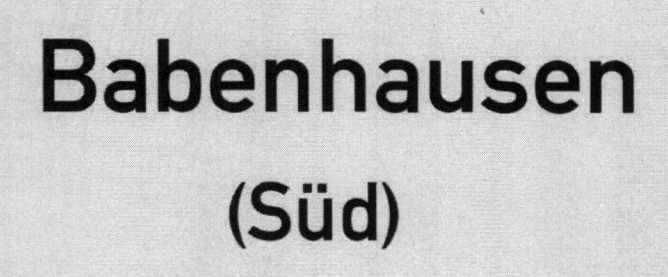

Babenhausen (Süd)

Trilogie von fünf Reiseberichten in zwei Bänden

Bibliografische Information durch die Deutsche Nationalbibliothek: Die Deutsche Nationalbibliothek verzeichnet diese Publikation in der Deutschen Nationalbibliografie; detaillierte bibliografische Daten sind im Internet über http://dnb.d-nb.de abrufbar.

Originalausgabe Mai 2022 - 1. Auflage
Pohlmann Verlag
Alle Rechte bei Ingo R. R. Höckenschnieder
Coverbild und Illustrationen: Marina Fahrenbach
Coverdesign: Andreas Wieckowski (andwiec@gmail.com)
Lektorin: Stefanie Höckenschnieder
© Gesamtherstellung: Pohlmann Verlag, 49196 Bad Laer
www.pohlmann-verlag.de

ISBN 978-3-948552-22-0

Ingo R. R. Höckenschnieder

Wo die wilden

Babenhausen (Süd)

Ein (fast) absolut wahrer Reisebericht

Band I

Pohlmann Verlag

Prolog

Eigentlich, ja, eigentlich wäre ich nie nach Babenhausen (Süd) gefahren. Wieso auch? Ich kannte dort niemanden und es gab für mich keinen Grund, mit der 3. Linie der Straßenbahn bis zur Endhaltestelle zu fahren. Dann aber, es war ein Samstagabend und ich saß mit Philipp, Christa und Denise beim Essen, sprachen wir über öffentliche Verkehrsmittel. So ein öffentliches Verkehrsmittel ist schon eine tolle Sache. Man kann an einer Haltestelle einsteigen, ein Stück fahren und an einer der folgenden Haltepunkte wieder aussteigen. Für die besonders Wagemutigen gibt es noch die Möglichkeit, an bestimmten Stationen umzusteigen, um plötzlich und fast ohne Vorwarnung in eine ganz andere Richtung zu reisen. Das Schöne ist, dass man lediglich Platz nehmen muss, sofern einer frei ist, und wenn man aussteigt, wird man nicht einmal genötigt, sich von den Mitreisenden zu verabschieden. Natürlich kann man es tun, aber dann sollte man sich eilen, damit man es rechtzeitig durch die Türe schafft, will man allen die Hand zum Abschied reichen.

Öffentliche Verkehrsmittel sind eine tolle Erfindung. Man stelle sich nur vor, man hätte sie früher gehabt. Dann wäre Kolumbus ganz einfach in eine Straßenbahn oder einen Zug gestiegen und nach Amerika gefahren. Und weil er ja anhand der Haltestelle gewusst hätte, wo er sich gerade befand, hätte es nicht einmal das Missverständnis mit den Indianern gegeben.

Tja. Philosophisch betrachtet sind öffentliche Verkehrsmittel eine wahrlich reichhaltige Quelle alternativer Menschheitsgeschichte – hätte es sie nur früher gegeben.

Was ich persönlich liebe: Man muss nicht selber fahren. Nette Leute machen das für einen und halten auch an, damit man einsteigen oder am Ziel wieder aussteigen kann. Fröhlich winken sie schon, wenn man an der Haltestelle steht, und freuen sich über jeden einzelnen Fahrgast. So muss man einfach nur gut gelaunt sein und lachen, ein wenig mit den anderen Reisenden plaudern und wenn die Stimmung dann durch die Decke gehen will, singt man gemeinsam ein frohes Ständchen. Arm sind jene, die das nicht kennen.

Wie man also schon an meinem Erfahrungsbericht erkennen kann, habe ich so manche schöne Stunden in angenehmer Gesellschaft in öffentlichen Verkehrsmitteln verweilen dürfen. Und so darf man mir gerne glauben, wenn ich sage, dass niemand mehr und ehrlicher darüber berichten kann als ich.

In diesem Moment aber saß ich nicht gut gelaunt in einem der wundervollen Fortbewegungsmittel unserer Zivilisation, sondern am Tisch mit Freunden. Und obgleich ich die öffentlichen Verkehrsmittel vermisste, erfreute ich mich, den Abend mit eben jenen Menschen zu verbringen, die mir zusammen mit den Mitreisenden die Liebsten waren: Meinen Freunden.

„Ich parke immer auf dem Park und Ride Parkplatz an der Endhaltestelle der Linie 2 und fahre dann bis zum Rathausplatz. Von dort aus ist es nur ein kleines Stück bis zu meinem Arbeitsplatz!"

Philipp, der Freund von Denise, schüttelte den Kopf.

„An der Linie 3 gibt es keinen Park und Ride Parkplatz! Ich

muss mir irgendwo in der Nähe Voltmannstraße einen Parkplatz suchen!"

„Ja, das ist nicht so einfach dort!", stimmte ihm Denise zu.

„Warum fahrt ihr nicht bis nach Babenhausen? Da müsste es doch einen Park und Ride geben!", hakte ich nach und Christa pflichtete mir nickend bei.

„Nein, nein. Da ist keiner. Und außerdem fährt niemand bis Babenhausen!"

Ich blickte Philipp erstaunt an.

„Niemand? Was soll das heißen? Dass die Linie bis dahin leer fährt?" Ich musste lachen.

„Und was ist mit den Leuten aus Babenhausen?", ergänzte Christa.

„Na, keine Ahnung", meinte Philipp und blickte zu Denise, die ihrerseits fortfuhr: „Nein, alle steigen Voltmannstraße aus und ab Voltmannstraße steigen Leute ein. Kennst du jemanden aus Babenhausen? Also ich nicht und ich hab' da noch nie jemanden in der Bahn bleiben sehen."

Christa und ich blickten einander überrascht an, dann wieder zu Philipp und Denise.

„Das ist doch Unsinn!"

„Richtig", stimmte ich Christa zu. „Da muss es doch Leute geben – sonst wäre da keine Haltestelle!"

Natürlich musste es Leute geben, die bis nach Babenhausen (Süd) fuhren. Ich selber kannte nur niemanden, ebenso wenig wie Christa, Philipp oder Denise. Was lag also näher als ein Ausflug dorthin.

„Und was willst du da?", fragte Philipp mich.

Einfach nur so hinfahren und mich umsehen, vielleicht?, überlegte ich mir, als Denise ihrem Freund recht gab.

„Willst du da einfach nur so dorthin fahren und dich dort umsehen?"

„Ja, an sowas hatte ich gedacht!"

„Okay", meinten alle drei gleichzeitig. „Dann mach mal hübsch Fotos!"

Ich rümpfte die Nase, weil sie sich über meinen gut ausgeheckten Plan lustig machten, blickte auf meine Uhr und stellte fest, wie früh es noch war – zu früh, um sich mit einer fadenscheinigen Ausrede zu verabschieden ... oder ... oder vielleicht doch nicht?!

„Schöne Uhr!", meinte Christa. „Ist die für Kinder? Da ist ja ein Dino drauf!"

„Nein, die ist nicht für Kinder. Na ja, vielleicht doch. Aber auch für Männer. Viel zu groß für Kinderarmgelenke!"

Ich hob meine Hand und schüttelte sie demonstrativ, um zu zeigen, wie fest die Uhr dort saß.

„Wieso? Um deines passt es doch auch", witzelte Philipp auf besonders lustig Art und Weise. Was für ein Idiot.

„Steht da Urzeit?" Christa griff meinen Arm und las von meiner Uhr ab.

„Ja, was denn auch sonst! Da ist ja auch ein Dino drauf", erklärte ich.

„Urzeit! Und Dino! Ganz schön süß. Wenn ich jetzt vierzehn wäre, würde ich mich glatt in dich verlieben!" Sie lehnte ihren Kopf zur Seite und sah mich mit ein paar Augenaufschlägen süßlich an, was Denise und Philipp zum Lachen animierte.

„Gott bin ich froh, dass du keine vierzehn mehr bist. Sonst müsste ich mir jetzt überlegen, wie ich dich wieder loswerde!"

„Zeig ihr doch einfach noch mal die U(h)r!", prustete Philipp los, der sich selbst übrigens als einziger am Tisch köstlich über seinen Witz amüsierte.

„Und dann?"

„Wie? Und dann ... Na, wegen der Dinos ...", begann er und begriff vermutlich selbst in diesem Moment, dass der Zusammenhang nicht passte. Wenn sie sich wegen der Dinos in mich verliebte, würden sie die Dinos ja nicht gleich wieder abschrecken.

„Jetzt lass' bitte meinen Arm los!" Ich zog meinen Arm, den Christa noch fest gepackt hatte, weg.

„Aber du bist doch sooooooo süß!", grinste sie frech.

„Das weiß ich. Und ich überlege mir jetzt eine Ausrede, wieso ich doch früh schon gehen muss!", erklärte ich ihnen. „Irgendetwas Vordergründiges, um mich zu verdrücken!"

„Gehst du heute noch tanzen?", wollte Denise wissen.

„Auf jeden Fall! Und zwar so früh wie möglich!"

„Da bin ich dabei", entschied sie, ohne mich zu fragen.

„Na, das ist ja prima!", stellte ich fest. Wohl oder übel hatte ich sie an der Backe oder am Arm (bei meiner ausgesprochen männlichen U(h)r ... oder sonst wo ...

Die erste Reise

Ich blickte auf den Schalter, an dem die Fahrkarten verkauft wurden, und wäre nur gerne hingestürmt, doch ich hielt mich zurück. Ich überprüfte meine Ausrüstung: Im Rucksack eine Brotdose, die auch noch mit dem gefüllt war, was der Name verhieß, eine Thermoskanne mit Kaffee, eine Trinkflasche mit einem eiskalten Tee, ein Notizbuch mit Stift, mein Fotoapparat und ein Handtuch. Man weiß nie, wann man ein solches Tuch braucht, hatte ich irgendwo mal gelesen. Natürlich hatte ich auch mein Handy dabei, etwas Geld und meine Monatskarte. Ich blickte noch einmal trübselig zum Schalter, bei dem ich heute wohl nichts erstehen müssen würde, verließ mich auf das Ticket, das den ganzen Monat lang gültig war, und setze mich in Bewegung. Mit der Rolltreppe ging es hinab und dort war sie schon angeschlagen: Sieben Minuten bis zur Einfahrt der Linie 3 Richtung Babenhausen (Süd). Was für ein Spaß.

Ich scharrte also ungeduldig und endlich fuhr die Bahn ein. Keckernd hüpfte ich los, an Wartenden vorbei, die vielleicht auf die ein oder andere spätere Linie warteten oder einfach den Straßenbahnen beim Ein- und Ausfahren aus der unterirdischen Haltestelle zusehen wollten, und ergatterte einen Sitzplatz fast ganz vorn beim Zugführer. Ich überlegte kurz, ob ich den Fahrer über den Fahrerruf informieren sollte, dass ich nun mit von der Partie war, entschied mich schließlich aber dagegen. Hinterher hätte er sich zu viel gefreut und wäre aus Versehen noch irgendwo abgebogen.

Was soll ich berichten? Die Fahrt war sensationell. Ich hätte mir mehr Licht gewünscht durch die Tunnel, doch schon zwei Haltestellen später ging es hinauf und wir erreichten die Straße, fuhren neben Autos einher und nicht wenige Fahrgäste kamen aus dem Staunen nicht mehr heraus. Kurz dachte ich noch darüber nach, ob es angebracht war, die anderen Mitfahrenden zu einem gemeinsamen Ständchen zu bewegen, aber ich war aufgrund meines Ziels mehr als nervös und so teilte ich nur meiner Nachbarin mein Ziel mit. „Ich fahre nach Babenhausen (Süd)!"

Sie blickte mich überrascht an, wohl, weil auch sie noch nie dorthin gefahren war, und so nickte ich eifrig, um mein Ziel und meine Aussage zu eben diesem zu bestätigen. Sie wandte sich ab, vielleicht bekam sie es etwas mit der Furcht zu tun, doch ich beruhigte sie. „Keine Bange, ich war schon an vielen Orten und auch dieser macht mir keine Angst!" Ich glaube, es ging ihr sofort etwas besser und ich redete eifrig weiter über meine Reise.

Nur zwei Haltestellen später verließ sie mich. Wir winkten einander zum Abschied und freuten uns bereits auf eine zukünftige gemeinsame Fahrt.

„Wie ist Ihr Name?", rief ich ihr hinterher.

„Spinner!", rief sie zurück und ließ mich glücklich zurück, jetzt, da ich ihren Namen kannte.

Mit jeder neuen Haltestelle wurde die Bahn leerer. Mit jeder weiteren Abfahrt in Richtung der Endhaltestelle wurde es einsamer.

Die Bahn hielt an der Haltestelle Voltmannstraße und die wenigen verbliebenen Fahrgäste stiegen aus. Die Türen blieben offen. Plötzlich knackste der Lautsprecher: „Wir sind Voltmannstraße. Bitte steigen Sie hier aus!"

Ich blickte mich verwundert um, musste einsehen, dass ich der letzte Fahrgast war, erhob mich und ging zur Sprechanlage, mit der man in Notfällen Kontakt zum Fahrer aufnehmen konnte. Ich drückte den Knopf: „Entschuldigung, aber ich wollte bis zur Endhaltestelle, bis Babenhausen (Süd)!"

Die Sprechanlage knackste wieder. Einen Moment lang herrschte Stille.

„Sind Sie da ganz sicher?"

„Ähm, ja!"

„Oh!", sagte der Fahrer und wieder dauerte die Pause schier endlos. „Oh, ich hatte noch nie einen Fahrgast, der nach Babenhausen (Süd) wollte. Ich muss erst einmal in der Zentrale nachfragen!"

Das verwirrte mich. Ich war nicht oft bis zur Voltmannstraße gefahren, doch ich wusste, dass die Bahnen weiterfuhren. Ich war mir verdammt sicher.

Erst nach einer Minute meldete sich der Fahrer wieder.

„Bitte steigen Sie aus, Sie werden von einer anderen Bahn abgeholt, die nach Babenhausen (Süd) fährt!"

Verdutzt folgte ich der Anweisung und nachdem sich die Türen geschlossen hatten, sah ich die Bahn weiterrollen. Sie fuhr aber nur gut hundert Meter, bog dann auf ein Abstellgleis zwischen den beiden Hauptgleisen ab und der Zugführer stieg aus, wechselte von vorne nach hinten (womit aus hinten nun vorne wurde) und setze den Triebwagen wieder in Gang, um erneut, dieses mal auf der anderen Seite des Bahnsteigs, zu halten.

Ein weiterer Zug kam, doch auch hier sagte man mir, ich müsse aussteigen, was ich gehorsam tat. Dann schließlich rollte ein Zug an, der *Sonderfahrt* angeschlagen hatte. Diese Bahn war kürzer. Nur halb so lang wie der Rest. Der Bahnführer lehnte sich aus dem Fenster.

„Sie wollen nach Babenhausen (Süd)?" Er blickte mich unsicher an und schien zu überlegen, ob mein Nicken und das folgende „Ja, ich will!" ein Indiz für meine Zustimmung waren. Er seufzte. „Na gut! Dann steigen Sie ein!"

Auf dem Fahrplan hatte ich gelesen, dass die Bahn von der Haltestelle Voltmannstraße nur eine Minute bis nach Babenhausen (Süd) benötigte, doch die Fahrt war um ein Vielfaches länger. Zuerst einmal bogen die Straßenbahnschienen von der Straße ab, wir ließen die letzten Häuser links und einige sogar rechts liegen, fuhren an Feldern vorbei, die letztlich von Bäumen abgelöst wurden, als wir in einen Wald kamen. Die Minuten vergingen.

Schließlich hielt der Zugführer an. Anders als an den anderen Haltestellen sah ich keinen Bahnsteig und die Türen öffneten sich auch nicht. Stattdessen knackste wieder die Sprechanlage.

„Sie wollen hier wirklich aussteigen?"

Ich stand auf, drückte den Knopf.

„Sicher! Wieso auch nicht?!"

„Gut, dann öffne ich gleich die Türen. Wenn Sie zurückwollen, dort vorn hängt eine Zugleine. An der müssen Sie zweimal kräftig ziehen. Es kann etwa 30 oder 40 Minuten dauern, bevor wir sie abholen kommen. Seien sie also vorsichtig und nehmen Sie sich vor ... ach, nehmen Sie sich einfach in Acht!"

Ich nahm die Warnung zur Kenntnis. Nur die eine Tür, an der ich stand, wurde geöffnet. Ich stieg die Stufen hinab und landete auf einem Schotterweg. Das Piepen der Türen deutete das Schließen an. Der Lokführer stieg nicht etwa aus, nein, er rannte durch den Zug und setzte ihn sogleich in Bewegung. Es dauerte keine Minute und er war aus meinem Blickfeld entschwunden. Ich sah die Schienen in einer Kurve hinter Bäumen verschwinden. Auf den anderen Seiten war noch mehr Wald und dort gab es überhaupt keine Gleise.

Ich stand also in Babenhausen (Süd) oder wenigstens an der Haltestelle dieses Namens. Es gab den Schotterweg, auf dem ich ausgestiegen war und der rechts wie links neben dem Gleis herlief. Aber bloß ein kurzes Stück. Scheinbar gab es nur eine Richtung, in die sich der Weg fortsetzte und das war auf der anderen Seite der Schienen, wo er zwischen den Bäumen hindurch verschwand.

Dort hing auch ein großes Ortseingangsschild mit den Buchstaben *Babenhausen (Süd)*. Es wirkte irgendwie fehlplatziert, denn auf diesem Weg würde sicherlich kein Auto kommen. Der Pfad war gerade breit genug für einen Fußgänger. Diesen Weg, und würde er auch kein leichter sein, steinig und schwer, gedachte ich zu gehen. Ich überquerte also die Schienen, passierte das Ortseingangsschild und fand mich zwischen großen Bäumen wieder. Brombeeren hatten den Teil links des Weges überwuchert und Bienen summten, um Blüten zu suchen. Auf der rechten Seite plätscherte ein Rinnsal neben dem Pfad entlang, das so klein war, dass ich es mit einer Hand hätte stauen können.

Ich fragte mich, was vor mir lag und wer hier wohnen würde?! Was für eine dumme Frage das doch war. Natürlich lag Babenhausen (Süd) vor mir.

Zuerst war mir etwas unheimlich zu Mute. Ich ging einen einsamen Weg, kein anderer Fahrgast wollte hierher, so hatte man mir gesagt, und der Wald war ziemlich dicht. Vor allen Dingen dafür, dass wir ja noch fast in der Stadt hätten sein müssen. Doch das Gesumme und Gebrumme, der Duft des Waldes und das Vogelgezwitscher hoben meine Stimmung und alsbald hatte ich meine Sorgen vergessen.

„Wer da?", piepste es plötzlich, riss mich aus den Gedanken und ich erschrak, fuhr herum und sah ein Mädchen von vielleicht sieben oder acht Jahren. Sie hatte wildes, blondes, ungezähmten Haar, das wie die Mähne eines Löwen wallte. Ihre Augen waren stechend blau, funkelten im Zwielicht des Waldes und lenkten mich einen Moment vom restlichen Anblick ab. Sie hielt einen Speer, den sie auf dem Boden aufgestellt hatte und dessen Spitze nach oben deutete. Unter der Speerspitze gab es einige Bänder in Rot und Gelb und Grün. Das Mädchen war nackt, sah man einmal von einem Lendenschurz ab.

„Öhm", ... begann ich.

„Hallo Öhm! Was willst du hier!"

„Öhm", sagte ich erneut und war noch verwirrter als zuvor.

„Ich bin nicht Öhm!"

„Wieso sagst du das dann? Hast du keinen Namen?", fiepste mich die kleine Göre frech grinsend an.

„Ich heiße Ingo. Und du? Wie ist dein Name?"

„Ingo? So wie der Autor, der über uns schreibt?", wollte sie wissen, ohne mir ihren Namen zu nennen.

„Ein Autor? Der über euch schreibt? Davon weiß ich nichts! Nein, ich heiße Ingo, weil ich Ingo bin und kein Autor!" Ich grinste sie nun ebenso frech an, wie sie mich.

Das schien ihr weniger gut zu gefallen.

„Na, vielleicht weißt du es ja einfach noch nicht", antwortete sie patzig. „Ingo ist ein ganz schön merkwürdiger Name!"

„Findest du?" Ich nahm ihr Nicken hin, fragte sie aber gleich nach dem ihren. „So. Jetzt möchte ich deinen Namen erfahren!"

„Ich bin Fantarisina Glockenblume!", antwortete sie keck.

„Fantarisina? Und du findest meinen Namen merkwürdig?"

„Fantarisina ist doch ein ganz typischer Name!", behauptete sie und stemmte die freie Hand in die Hüfte.

„Für wen? Und denkst du nicht, dass du zu groß bist, nackt durch den Wald zu laufen?"

„Für Mädchen", erklärte sie bereitwillig. „Und, wieso sollte ich zu groß sein, durch den Wald zu laufen? Du läufst doch auch durch den Wald und bist sogar größer!"

„Ich sagte nackt! Ist ja auch egal. Ich will nach Babenhausen (Süd)!"

„Wir lassen nicht jeden rein", sagte sie. „Wenn du der Ingo wärst, der über uns schreibt, dürftest du mitkommen", meinte Fantarisina.

„Okay, ich gebe es zu. Ich bin der Ingo, der über euch schreibt. Ich nenne dich in meinem Buch Fanni!"

„Fanni? Wieso sollte ich so einen dämlichen Namen bekommen?" Sie sah mich missmutig an.

„Ich nenne dich Fanni, wenn du mich weiter hier abhältst, nach Babenhausen zu gehen!" Ich grinste sie an und sofort hob sie ihren Speer und deutete in die Richtung, in die der Weg führte.

„Ich gehe vor und ich bin nicht Fanni!" Sie eilte voraus und weil sie mich nicht weiter aufhielt, nenne ich sie auch nicht Fanni. „Willst du denn nun nach Babenhausen oder nach Babenhausen (Süd)?" Sie sprach die Klammern überdeutlich aus, wohl damit es keine weiteren Missverständnisse gab.

„Macht das einen Unterschied?"

„Das solltest du sehr wohl wissen", behauptete Fantarisina, die ich nicht mehr Fanni nenne. „Wer über uns schreibt, muss es einfach wissen. Es gibt ja Babenhausen [Nord] und Babenhausen (Süd)!"

„[Nord] mit eckigen Klammern?", fragte ich, nicht ganz sicher, nach.

„Ich dachte, ich hätte es deutlich genug gesagt! Natürlich. Aber – die werden nicht gesprochen, nur betont. Wie man die runden Klammern bei Babenhausen (Süd) eben ganz weich und rund spricht, werden die eckigen bei Babenhausen [Nord] hart und eckig betont!"

„Sicher!"

„Sei froh, dass wir nicht über *Babenhausen <Mitte>* sprechen. Da sind nicht nur die Klammern spitz akzentuiert, sondern der gesamte Name kursiv." Sie drehte sich um. „Du weißt doch, was kursiv ist?"

„Selbstverständlich!"

„Wir sind da. Da ist die Mühle! Und der Schuster, der Bäcker und der Babier!"

„Du meinst Barbier!" Ich betonte das R extra deutlich.

„Natürlich nicht! Es heißt ja auch nicht Barbenhausen."

Das war einleuchtend.

Frisuren und Bier stand auf einem großen Holzschild und *Ba braut und schneidet selbär*. Die Schreibweise von selber irritierte mich, doch ich ging wortlos darüber hinweg, murmelte nur etwas von falscher Rechtschreibung und wie selber geschrieben werden muss, ganz ohne Worte oder jedenfalls mit ziemlich wenigen, und musterte den Laden weiter. Vor dem Babierladen stand ein Schemel, um den herum noch ein Rest von Haaren lag.

Mehr Anklang schien das Bier zu finden. Denn zwei Herren und drei Damen saßen an dem großen Tisch und unterhielten sich mit dem Babier ohne R und tranken aus großen Tonkrügen. Ich wage es kaum zu sagen. Aber sie alle waren nackt bis auf einen Lendenschurz. Ich kam mir albern vor.

Ein paar Dorfbewohner sammelten sich, als sie mich erblickten, und bauten sich in ihren Lendenschurzen bewaffnet mit Speeren oder Bögen vor mir auf.

„Wer ist das, Fantarisina?"
Das Mädchen deutete auf mich.
„Er stellte sich erst als Öhm vor, aber sein Name ist Ingo!"
„Ingo der Öhm!" hauchten einige und verbeugten sich leicht.
Es verwirrte mich. „Ingo reicht", sagte ich, um nicht weiter auf der Öhm-Sache herumreiten zu müssen.
„Ingo? So wie der Mann, der über uns schreibt?", wurde ich gefragt.
„Ja, genau!" Ich grinste etwas dümmlich.
„Wo sind Tinte und Pergament?", fragte einer der Männer.
„Wieso?"
Meine Frage schien sie zu verwirren.
„Wie willst du über uns schreiben, wenn du dir nichts aufschreibst!"
Gute Frage, musste ich zugeben.
„Gute Frage, muss ich zugeben!", gab ich zu. „Aber ich werde mich erst einmal umsehen!"
Und das tat ich.
Die Häuser waren schlichte Holzhäuser, mehrheitlich rund mit Ried oder Stroh bedeckt. Die Fenster waren Öffnungen mit Fensterläden, aber ohne Glas, die Türen, schlichte Holz- oder Schilftüren und scheinbar ohne Schlösser. Nicht wenige Häuser waren leicht erhöht auf Pfählen gebaut.
„Reet!", wurde ich aus den Gedanken gerissen.
„Wie bitte?"
„Wir nennen es Reet nicht Ried!", sagte die junge Frau, die sich vor mir aufbaute.

„Wie kommst du darauf?"

„Ich will nur nicht, dass du es falsch schreibst", erklärte sie mir.

„Öhm ... okay! Aber man darf Ried schreiben. Das ist die moderne Schreibweise!" Ich wies sie somit auf das aktuelle Regelwerk des Duden hin, den sie aber vielleicht überhaupt nicht besaß.

„Von so etwas halten wir hier gar nichts!" Sie ließ den Finger beim Sprechen kreisen, um zu betonen, *wie* wenig sie davon hielt, und ich nickte emsig.

„Gut, gut. Reet! Ich werde von Reetdächern schreiben!"

„Ich bin übrigens Rosanella, die Dorflauteste!", stellte sie sich vor. Sie hatte ebenso blondes Haar wie Fantarisina, allerdings fast glatt. Außerdem war sie deutlich älter. Vielleicht Mitte zwanzig schätzte ich. Ihre Augen waren eisblau und sie trug neben dem Lendenschurz bunte Bänder, die sie um Oberarme und -schenkel gebunden hatte. Sie war sehr schlank. Athletisch sozusagen. Mit sportlichen Schenkeln und sichtbaren Muskeln an den Armen, einer schmalen Taille und einem flachen Bauch.

„Dorflauteste?", erkundigte ich mich. „Was soll das denn sein?"

„Bei uns Baben ist die lauteste Person Anführer, wenn wir in den Krieg ziehen. Wir müssen mehr Lärm als unsere Feinde machen! Dann können die nicht mehr klar denken! Als Lauteste hat man sowieso das meiste zu sagen!" Das war einleuchtend. Irgendwie. Ich nahm es also hin. „Ich werde dir hier alles zeigen. Auch das gehört zu meinen Aufgaben!", berichtete sie.

„Gut, gut. Ich will ein paar Fotos schießen, vielleicht von den Hütten!", schlug ich vor, und in dem Moment fiel mir ein, dass die Baben möglicherweise gar nicht wussten, was Fotos waren. „Fotos sind Bilder, die man mit einem kleinen Gerät macht. So wird das Aussehen festgehalten und ..."

„Hältst du uns für dumm?", unterbrach sie mich und hob eine kleine Panasonic Travelzoom. „Wir sind doch nicht von gestern!" Sie musterte mich. „Du brauchst ordentliche Kleidung, wenn du hier bist. So geht das nicht. Wir haben ja nicht Winter oder gehen auf den Jahrmarkt als seltsame Attraktion!"

„Öhm ... ja, also ... tut mir leid!" Ich bat sie mit gesenktem Kopf um Entschuldigung. „Sowohl ... wegen der Fotos und auch wegen der Kleidung!"

„Komm mit! Wir besorgen dir was Ordentliches zum Anziehen!" Sie führte mich den Weg entlang zu einem der rechteckigen Häuser und trat vor mir ein. Ich folgte ihr.

Der erste Raum sah wohnlich aus, mit einer Art Sessel und jeder Menge Kissen, einem ziemlich niedrigen Tisch, an dem man vermutlich kniete, einem Kanonenofen, auf dem so etwas wie ein Teekessel stand, einem Regal mit Schriftrollen und einem höheren Schreibtisch, auf dem ich Feder und Tinte erblickte.

Es ging weiter in ein zweites Zimmer, in dem ein Bett von der Decke hing. Es war an dicken Holzbalken aufgehängt und Seile vorn und hinten hielten die eigentliche Lagerstätte für die Nacht, die mit allerlei Fellen und Kissen bedeckt war. Sie kramte in einer Truhe und holte einen Lendenschurz hervor, hielt ihn mir hin. Ich nahm ihn entgegen, blickte sie an.

„Du sollst ihn anziehen", grinste sie.

„Äh, ja, das habe ich mir schon gedacht", gab ich zu, nicht ohne etwas rot anzulaufen.

„Du musst dich dazu ausziehen", fügte sie nach einer kurzen Pause hinzu.

„Bleibst du dabei hier und siehst zu?", erkundigte ich mich.

„Okay! Gerne! – Fantarisina, du kannst Wasser für Tee aufsetzen!" Rosanella hockte sich aufs Bett und blickte zu mir. „Ich wusste nicht, dass du dich so gut mit unseren Bräuchen auskennst!"

Das verwirrte mich noch mehr als die Tatsache, dass sie meine ironische Frage so missverstanden hatte.

„Tue ich das?"

„Oh, ja! Woher wusstest du, dass die Farben meiner Bänder nicht nur zeigen, dass ich ohne Partner bin, sondern auch auf Partnersuche? Und woher kennst du die formelle Brautwerbung? Die meisten Fremden – und hier kommen wahrlich nicht viele hin – wissen nichts über unsere Riten!"

„Formelle Brautwerbung?", stotterte ich erschrocken.

„Ja! Woher wusstest du, dass du mich fragen musst, ob ich zusehen will?"

Super Frage! Und wie antwortet man darauf? So im Kontext gesehen wie *Ich wollte nicht um dich werben und eigentlich wollte ich nur, dass du dich umdrehst, das war Ironie und so, du weißt schon oder vielleicht auch nicht?!* Da die richtige Formulierung zu finden, stellte mich vor ein Problem, das durch die Tatsache, dass sie ihren Speer auf ihren Schenkeln abgelegt hatte, nicht kleiner wurde. Ich zuckte also mit den Schultern.

„Ja, keine Ahnung ... vielleicht war ich mir der Wirkung der Frage nicht vollends bewusst!"

Sie sah mich an.

„Los! Du wolltest dich ausziehen!"

Okay. Es gab noch die Möglichkeit, es einfach nicht auszudiskutieren. Abwarten war ja auch eine Problemlösungsstrategie und die gefiel mir in diesem Moment ganz gut.

Ohne die Möglichkeit, mich irgendwie zu verbergen, legte ich also ab, griff den Lendenschurz und ...

„Den Slip musst du auch ausziehen. Wir sind darunter nackt!", erklärte sie mir und ich konnte mich gerade noch rechtzeitig abwenden, als sie ihren Schurz demonstrativ anhob.

Ich drehte mich mit dem Rücken zu Rosanella, zog meine Unterhose aus und den Lendenschurz an. *Tataaaa!,* wollte ich schreien, unterließ es aber und in bester weltmännischer Manier blieb ich still und lief rot an.

Frisch, fast völlig entkleidet führte mich Rosanella in den Wohnraum, in dem Fantarisina bereits dabei war, Tee zu kochen. Sie hockte sich vor den Tisch auf ein Kissen, legte eines neben sich und klopfte darauf.

„Du kannst dich ruhig setzen."

Es gab Tee und danach führten die beiden Damen, die kleine und die große, mich durch Babenhausen (Süd) und stellten mich so ziemlich jedem aus dem Dorfe vor. Nur nicht Gorm, wie sie mir berichteten, der einfach keine Fremden mochte. Bestimmt achtzig Häuser gab es und über sechshundert Baben hausten hier, wild und frei.

Guten Abend, gute Nacht und ein Feuer

Die beiden Mädchen, die kleine Fantarisina und die größere Rosanella, wichen nicht von meiner Seite. Ich lernte so Ba kennen, den Babier des Ortes, der bei seiner Berufswahl bewusst auf das R verzichtet hatte, und Tjonken, der noch höher als Ba gewachsen war und ebenfalls auf jegliches R verzichtete (in Tjonken war nicht eines – nicht einmal ein kleines). Ich musste meinen Kopf in den Nacken legen, um ihm überhaupt ins Gesicht blicken zu können. Er war gute zwei Meter zwanzig und von oben bis unten mit Muskeln bepackt. Er trug eine Schürze und schürte das Feuer zum Schmieden.

Tulperinata und Violettina waren zwei Schwestern, denen die Mühle gehörte. Sie waren ebenfalls beide ein Stück größer als ich.

„Mahlt ihr hier Mehl?", erkundigte ich mich.

„Nein, das ist eine Toilettenpapiermühle!", erklärten mir die Schwestern.

„Eine was?"

„Na rate einmal, wo dein Toilettenpapier herkommt. Wir spannen die Rollen auf die Achse und dort rollt sich das Papier dann auf. Heute machen wir extraweiches!" Sie deutete auf einige Käfige voller Hundewelpen, die kein Fell zu haben schienen, die von jemandem dafür in kleine Strickkleider gesteckt worden waren.

„Was ist das?"

„Na, das Papier ist so weich wie Hundewelpen. Wir scheren sie und verwenden das Fell!"

„Ich dachte immer, Toilettenpapier sei aus Holz gemacht!", staunte ich.

Die beiden und ihre Helfer lachten, als wäre es das Lustigste, das sie je gehört hatten.

„Das wäre ja nun wirklich zu kratzig! Nein, für unser Extraweich brauchen wir jede Menge Hundewelpen. Die Kleinen müssen trotzdem nicht frieren! Unsere Oma strickt ihnen Hundepullover!"

Ich war etwas verwirrt, nahm aber dankbar eine Rolle Extraweich mit und winkte den Helfern, Tulperinata und Violettina zum Abschied.

Fantarisina stellte mir jeden vor, dem wir begegneten. Den großen Jock, den kleinen Jock, Tante Usambarina, Lasse, Nisse und Pisse, drei Jungs vom Middelhof und viele mehr.

Auf einem der Dächer hockte Olaf, der gerade ein neues Reetdach eindeckte.

„Das ist Olaf", stellte Fantarisina mir den Mann vor, „Karls Sohn, weltbester Reetdachdecker!"

Ich betrachtete Karls Sohn vom Dach und starrte einen Moment auf seine Mütze – die erste Kopfbedeckung, die ich bislang gesehen hatte – schüttelte dann aber mein Haupt und folgte der Dorflautesten und der Dorffrechsten weiter.

„Wer ist hier denn die Dorffrechste?", blafften mich beide Damen zeitgleich an, obwohl ich kein Wort gesagt hatte.

Ich deutete auf Fantarisina, die sofort protestierte, doch Rosanella stimmte mir lachend zu. „Da hast du wohl Recht!"

„Gar nicht wahr!"

„Doch wahr!"

Erst am späten Nachmittag hatten sie mir das gesamte Dorf vorgestellt. Ich war nicht ganz einen Meter achtzig hoch gewachsen und damit, bis auf den kleinen Jock und ein, zwei weitere, der kleinste Mann. Viele waren um zwei Meter groß und Tjonken war nicht einmal der größte. Kules, ein Herr höheren Alters, überragte den großen Schmied sogar noch um einen halben Kopf.

Auch viele Frauen waren deutlich größer als ich. Rosanella hingegen, mit vielleicht einem und einem dreiviertel Meter, empfand ich als angenehm klein.

Die meisten Baben hier waren blond oder rothaarig und nur einige wenige hatten dunkles Haar. Braune Augen sah ich jedoch nicht.

Nachdem die Damen mir das Dorf gezeigt hatten, musste Fantarisina zu ihren Eltern, Öhm und Lilianita, die ich natürlich ebenfalls kennengelernt hatte.

Rosanella brachte mich zurück in ihr Haus. Sie bedeutete mir, Platz zu nehmen auf einem der Kissen am Boden vor ihrem Tisch, und bot mir einen Kaffee an.

„Hast du noch einen anderen Beruf oder bist du ausschließlich Dorflauteste?", fragte ich sie, während sie das Wasser heiß machte.

„Als Dorflauteste habe ich viele Aufgaben", erklärte mir die hübsche Babin. „Aber wenn ich damit nicht beschäftigt bin, gehe

ich meinem Beruf nach und auf die Jagd! Mein Vater war Erster Jagdmeister, so nennt man den, der die Jagd leitet, und auch ich wollte das werden. Aber schon bald bemerkte man, dass ich die lauteste Stimme habe, und ich wurde zur Dorflautesten. Dafür habe ich drei Jahre bei meinem Vorgänger, dem alten Öhm, gelernt, du weißt schon. Der Große mit den weißen Haaren, nicht Fantarisinas Papa."

„Ich erinnere mich. Wobei *groß* wenig hilfreich ist, bei den ganzen Riesen hier im Dorf!"

Rosanella lachte herzlich.

„Du hältst uns für Riesen? Dann musst du erst mal die Lippinger sehen. Wir Baben sind dagegen winzig!"

Ich konnte meine Überraschung wohl nicht verbergen.

„Das ist kein Spaß?"

„Wieso sollte ich damit spaßen?" Rosanella goss das kochende Wasser auf und trat zu mir an den Tisch, hockte sich neben mich und streckte ihre Hand aus, in der sie ein ganzes Konvolut aus etwa drei Zentimeter breiten, farbigen Bändern hielt. „Du brauchst noch passende Farben für das Fest heute Abend!", berichtete sie.

„Für welches Fest?"

„Na, für das Fest, das wir dir zu Ehren geben. Du bist der erste, der über uns schreibt", erinnerte sie mich.

„Ach, das Fest!" Ich ließ meinen Kopf leicht nickend schwingen. „Und welche Farben benötige ich?"

„Das ist nicht schwer, aber du wirst dich entscheiden müssen. Als Dorflauteste trage ich neben den roten Bändern, die mich als Jägerin kennzeichnen, noch violette an den Armen. An den Beinen sind es grüne Bänder. Das heißt, dass man einen Partner sucht. Würde sich jemand für mich interessieren und mich bitten, ihm beim Anlegen des Lendenschurzes zuzusehen, sollte ich auf orange wechseln. Das bedeutet frei, aber nicht suchend. Rot an den Beinen ist in einer festen Beziehung, blau verheiratet und schwarz wäre in Trauer", erklärte sie mir.

„Dann sollte ich orange wählen", mutmaßte ich. „Orange für die Schenkel!"

Sie grinste mich frech an. „Die wähle ich auch!"

„Und an den Armen trage ich dann nichts?"

„Du bist unser Gast. Als solcher trägst du gelb und grün!", erklärte sie mir. „Grün ist meine Lieblingsfarbe!"

„Gelb ist meine Lieblingsfarbe", gab ich zu. „Und grün trage ich, weil es deine ist?"

„Nein, nein!" Sie lachte schallend. „Gelb und Grün sind die Farben der Gastfreundschaft. Hier", reichte sie mir den Ball aus Bändern, zog zwei gelbe hervor und band sie um meine Arme. Dann angelte sie nach grünen Bändern und schnürte sie dazu. Als sie fertig damit war, zog sie zwei orangfarbene hervor. „Erheb' dich!", verlange sie.

Als sie mir meine orangfarbenen Bänder um die Schenkel band, fragte ich sie erneut aus.

„Rosanella, was ist die Aufgabe eines Dorflautesten?"

„Als Dorflauteste rufe ich zum Fest und zum Thing", erzählte sie von ihren Aufgaben. „Du weißt, was ein Thing ist? Gut! Ich deute dein Nicken als Ja. Auf dem Thing verkünde ich die Tagesordnung und ich lasse abstimmen. Gibt es keine Mehrheit, entscheide ich – aber nur dann. Ansonsten hat der Dorflauteste keine Stimme dort. Wenn es einen Kampf gibt, rufe ich zur Bewaffnung und führe unsere Soldaten und ich verhandle mit den anderen Stämmen. Den Nordbaben, den Mittelbaben, den Lippingern, den Fahlen ...", listete sie auf, doch ich unterbrach sie.

„Du meinst den Falen? Ohne H, weil du ein H mitgesprochen hast! So wie Westfalen oder Ostfalen?"

„Nein, nein. Diese Stämme gibt es schon lange nicht mehr. Ich meine die Fahlen. Das sind ... nun, sie sind keine Menschen."

„Keine Menschen?" Zweifelnd blickte ich sie an, doch sie schien es ernst zu meinen.

„Ja, die Trollander und die Fahlen sind keine Menschen. Wenn du etwas bleibst, wirst du sie kennenlernen", erklärte sie. „Freue dich nicht zu sehr auf sie. Die Trollander sind furchtbare Wesen. Sie wiegeln alle auf, erzählen alternative Wahrheiten – so nennen sie ihre Lügen – außerdem sind sie hässlich wie die Nacht. Sie haben verhutzelte Gesichter und sie sabbern aus ihren Mäulern, die immer offen stehen. Die Fahlen sind ... angsteinflößend. Selbst für uns Baben, die vor nichts anderem Angst haben. Die Fahlen kommen im Mondschein heraus und saugen unvorsichtigen Wanderern das Leben aus."

„Das klingt mehr nach einem Märchen oder einer Legende als nach der Realität!"

„Ach, du weißt gar nichts, Ingo!"

Sie ging zum Kaffee, der mittlerweile fertig war und goss mir einen Krug voll ein.

Der Kaffee war stark. Schwarz wie die Mitternacht in einer mondlosen Nacht und verdammt gut. Fast hätte ich den ersten Schluck herausgeprustet.

„Verdammt guter Kaffee!", lobte ich.

„Ich erkläre dir noch ein paar andere Bänderfarben", sagte sie, während wir das Heißgetränk genossen. „Wer noch keinen Beruf hat, trägt auch keine Bänder an den Armen – wer nicht alt genug zum Heiraten ist, trägt keine Bänder an den Beinen!"

„Verstehe!"

„Mit dreizehn oder vierzehn beginnt die Lehre, dann trägt man weiße Bänder an den Armen und darf sie erst gegen farbige ersetzen, wenn die Lehre abgeschlossen ist. Die meisten Berufe haben hellblaue Bänder. Wie Tulperinata und Violettina. Die meisten Handwerker tragen dunkelblaue: Wie Tjonken oder Karls Sohn vom Dach, Olaf – du erinnerst dich?"

„Natürlich! Wie könnte ich den vergessen!"

„Alle Jäger und Krieger tragen rote Bänder und die Bauern, der Bäcker und so weiter braune. Die Lehrmeister und Weisen haben gelbe Bänder. Zusätzlich tragen alle Meister ihres Berufs schwarze und die Dorflauteste violettfarbene Bänder!"

„Ich verstehe. Bei den Meistern und beim Dorflautesten kommt eine zweite Farbe dazu!"

„Ja, genau!"

„Mmmh. Ich arbeite mit Computern! Weißt du, was das ist?"

„Diese Maschinen, die wie Zauberei sind?", wollte sie von mir wissen.

„Ja, das könnte man sagen!"

„Dann bist du ein Zauberer und die tragen orangefarbene Bänder an den Armen!"

„Na, da bleibe ich doch lieber bei gelb und grün!", lachte ich.

„Für heute auf jeden Fall, aber wenn du länger bleibst, müssen wir passende Bänder für dich finden. Jeder muss sie tragen, dass ist ein ungeschriebenes Gesetz!"

„Schreibt die Dorflauteste auch die Gesetze auf?"

Rosanella blickte mich forschend an.

„Wieso sollte man Gesetze aufschreiben. Man sollte nur so viele Gesetze haben, dass jeder sie sich merken kann, und sie sollten so klar sein, dass es keine Diskussion darüber gibt! Alles andere wäre ziemlich dumm!"

„Ja, das wäre es wohl. Aber ich komme aus einer Welt, in der es viele Dumme gibt. Da braucht es aufgeschriebene Gesetze. Sehr, sehr viele!"

Das war etwas, das Rosanella nicht glauben konnte, so sehr ich es auch zu erklären versuchte.

Es war die Aufgabe meiner Gastgeberin, das Fest auszurufen, und das tat sie, als das große Feuer am Dorfplatz brannte. Ein jeder brachte Speisen und Getränke mit und sie wurden umhergereicht. Ba, der Babier, machte seinem Berufsstand alle Ehre und rollte ein großes Fass Bier heran.

Es gab einige Tüften, die in glühenden Kohlen vergraben wurden, und auch einige Wurzeln, aber vor allen Dingen gab es Fleisch, Steaks und Würste, Fleisch am Spieß und Frikadellen und Hühner und mit Hack gefüllte Gänse. Käse gab es auch, aber keine Salate und kaum Brot.

„Na, Vegetarier oder Veganer haben es bei euch nicht leicht, wie?!", lachte ich und biss in ein saftiges Stück Steak, das mir gereicht wurde.

„Was sind Veterrier und Versager?", erkundigte sich der alte Öhm, der die Begriffe wohl noch nie gehört hatte.

„Wenn selbst Öhm nicht weiß, was das ist", sagte jemand, „weiß das wohl niemand hier!"

„Erklär uns, was Veratener und Werganer sind!", riefen sie.

„Na, ja, Leute, die kein Fleisch essen!", meinte ich schlicht. „Sie nennen sich Vegetarier oder Veganer!"

Ich sah in große, ungläubig blickende Augen.

„Was ist das nur für ein seltsames Volk?", wurde ich gefragt, oder „Haltet ihr sie als Vieh?" oder „Sind die gefährlich?" und so manche andere Frage, die ich nicht beantworten konnte.

„Ich glaube, die sind nur seltsam", vermutete ich, als jemand, der auch nicht wusste, was das für ein seltsames Volk war.

Aber eigentlich interessierte es auch niemanden weiter und ich genoss das Fleisch von Rind und Reh und Hirsch und Wildschwein, Ente und Gans und war schon bald glücklich und satt, als einige Frauen zu uns kamen. Rosanella war nicht unter ihnen. Mir fiel auf, dass ich sie länger nicht gesehen hatte.

„Du musst dich erheben!", rief Dahliena und packte mich zusammen mit Kleerana an den Armen, um mich hochzuziehen. „Du bist unser Gast und wir laden dich zum Tanz!"

Etwas unwillig folgte ich, aber da Kornelia und Primelasina mich nun auch noch schoben, hatte ich keine andere Wahl. Es ging in die Mitte näher zum Feuer. Trommeln setzten ein. Tiefe, langsam geschlagene Trommeln. Andere Frauen kamen dazu und erst jetzt, als sie im Takt der Schlaginstrumente zu gehen begannen, bemerkte ich die Handgelenk- und Fußbänder, an denen Glocken bimmelten. Fast alle zogen ein Tambourin hervor. Ich sah, wie Männer weitere Trommeln holten und sie außerhalb des Kreises um das Feuer aufbauten und zu spielen begannen. Das Lied wurde schneller und aus den Geh- wurden Tanzbewegungen. Mir war unwohl zu Mute, weil ich nicht wusste, was erwartet wurde, und ich der einzige Mann war, der zwischen den Frauen tanzte. Das Lied wurde rasend, wie die Tänzerinnen, die mit mir um das Feuer herumwirbelten. Irgendwo zwischen den Frauen sah ich auch Rosanella, die scheinbar mit uns tanzte.

Es dauerte eine Weile, doch ich bemerkte schließlich, dass alle Tänzerinnen grüne Bänder an den Schenkeln hatten. Im Feuerschein wirkten sie fast schwarz.

Dann, von einem Moment zum anderen, setzten die Trommeln aus und Stille kehrte ein.

Rosanella trat vor.

„Das ist unser Gast", deutete sie auf mich, „und zu seinen Ehren ist das Fest. Kommt und tanzt mit ihm und feiert das Leben", rief sie und war wirklich richtig laut dabei. „Ingo, der über uns schreibt, sei uns willkommen!"

Wieder schlugen die Trommeln und Männer wie Frauen, mit mit allen Arten von Bändern, sogar Kinder kamen und tanzten um das Feuer. Nach einigen Liedern war ich für einen Moment außer Atmen, brauchte einen Schluck zu trinken.

Als ich Wasser gefunden hatte, trat Fannick neben mich.

„Ich bin Rosanellas großer Bruder", stellte er sich vor. Eine Information, die ich bislang nicht erhalten hatte. „Gefällt dir eine der Frauen?"

„Öhm ...", begann ich.

„Nein, nein. Ich heiße Fannick!"

„Ja, tut mir leid, Fannick. Ich benutze das Wort Öhm manchmal, wenn ich nicht weiß, was ich sagen soll!"

Er nickte, so als sei es ganz offensichtlich.

„Ah! Verstehe. Nun ich benutze das Wort Ingo manchmal, wenn ich nicht weiß, was ich sagen soll!"

Ich musterte ihn und fragte mich, ob er mich veralberte. Seinem Gesichtsausdruck war das nicht zu entnehmen. Also zuckte ich mit den Schultern.

„Die meisten Menschen nutzen Ingo eigentlich eher, wenn sie etwas großartig finden", sagte ich schließlich und zwinkerte ihm zu.

„Ahhhh! Ingo!", nickte er. „Das werde ich ab jetzt auch tun!"

Ob er den Witz verstanden hatte? Ich war mir wieder nicht sicher.

„Und?"

„Und ... was?"

„Gefällt dir eine der Frauen mit den grünen Bändchen, die mit dir ums Feuer getanzt haben?"

Ich musste anerkennen, dass ich noch keine wirklich hässliche Babin gesehen hatte. Selbst die älteren Frauen strahlten eine besondere, wilde Schönheit aus. Ich hätte von keiner sagen können, dass ich mich nicht vielleicht nach ihr umgedreht hätte, wäre sie mir zum Beispiel in einem Klub begegnet.

„Eure Frauen sind sehr hübsch!"

„Ja, das sind sie", stimmte er zu. „Aber das meinte ich nicht!"

Ja, das wusste ich und ich wusste, dass er wusste, dass ich es wusste. Aber das wusste er.

„Ja, da gibt es eine", grinste ich und legte die Finger auf die Lippen. „Ich verrate aber nicht, welche!"

Urzeit

Jemand stupste mich an.

Eloquent und fast völlig fit antwortete ich darauf mit „Äääääähhhhhh!", und drehte mich um.

„Die Sonne ist aufgegangen", flüsterte eine weibliche Stimme in mein Ohr.

Ich schätzte, dass es sich dabei um die Stimme derselben Person handelte, die sich in der Nacht fest an mich gedrückt hatte und deren Wärme ich noch immer spürte.

„Lass' sie doch!", stöhnte ich praktisch hellwach und zog mir die Decke über den Kopf.

Das Subjekt erhob sich, womit etwas Wärme verloren ging. Aber nicht so viel wie in dem Augenblick, als die Person, deren weibliche Stimme ich eben vernommen und die danach aufgestanden war, mir die Decke fortzog.

„Aufstehen!", lachte sie.

Das war nicht lustig. Ich lag da, nur mit einem Lendenschurz, und mir war kalt. Ich wollte sicherstellen, dass wenigstens etwas verdeckt war, und versuchte ihn zurechtzuschieben, fand ihn nicht und bemerkte, dass ich wohl völlig nackt war. Also bedeckte ich mich mit der Hand und richtete mich auf.

Rosanella blickte mich an und prustete vor Lachen los.

„Was ist so lustig?", grummelte ich.

„Du hast keinen Lendenschurz an und jetzt bist du schüchtern!"

„Ich bin nicht schüchtern. Mir ist nur kalt!" Das war eine Lüge, wenn auch nur eine kleine. Ich blickte zu ihr und stellte fest, dass sie ebenfalls nackt war und keinen Lendenschurz trug. Schnell wandte ich mich ab. „Du bist auch nackt!", klärte ich sie auf.

„Na klar. Das waren wir die ganze Nacht", erinnerte sie mich.

„Soll ich dir eine Hose und Hemd holen? So, als sei es Winter?"

„Das wäre nett!"

Wieder prustete sie los, riss noch einmal an der Decke und warf sie nach mir.

„Dann halten dich alle für ein kleines Mädchen!"

„Ist mir egal! Mir ist kalt!" Mir war wirklich etwas kalt.

„Wenn dir kalt ist, dann beweg dich. Ich werde Tee machen. Wir können zu einer der heißen Quellen gehen und baden, wenn du willst, das wärmt auf!"

„Hast du keine Dusche?" Mich räkelnd – ich hatte die Decke über meinen Schoss gelegt, dass sie mir nichts abgucken konnte – gähnte ich völlig ungeniert. Es war noch ziemlich dunkel an diesem Morgen. Die Sonne musste noch verdammt tief stehen.

„Dusche?"

„Warmes Wasser, das von oben herunterfällt, damit man sich waschen kann. Also ich habe so etwas in meinem Haus", erzählte ich.

„Und wer macht das Wasser warm?"

„Das ist immer warm!"

„Immer warm? Das ist ja verrückt!"

Ich sah mich nach dem Lendenschurz um, legte ihn und danach die Bänder an.

„Nein, nein! Heute bekommst du auch orangefarbene Armbänder", erklärte sie, während auch sie sich anzog. An diesem Tag waren ihre Beine nicht mehr grün, sondern orangefarben geschmückt.

„Aber ich bin doch nicht wirklich Zauberer!", warf ich ein, doch Rosanella schüttelte den Kopf.

„Du kannst Geschichten auf Papier bannen und Zaubermaschinen beherrschen. Was anderes als Zauberei ist das?"

„Du weißt doch noch gar nicht, ob ich das gut kann; Schreiben meine ich."

„Darauf kommt es auch nicht an. Du bekommst ja keine Meisterarmbänder", widersprach sie und legte mir die Bänder in Orange an.

Das Frühstück bestand aus Pfannkuchen, die Rosanella irgendwoher holte. Dazu gab es Honig.

„Wohnst du hier eigentlich alleine?", fragte ich die hübsche Babin beim Frühstück.

„Fannick, mein großer Bruder, ist bei seiner Hochzeit ausgezogen, mein kleiner Bruder ist bei euch in eurer seltsamen Welt. Er ist Trollandjäger und sorgt dafür, dass sich die Trollander nicht ausbreiten, wo sie nichts verloren haben. Er fängt sie wieder ein, bevor sie sich bei euch niederlassen können", erzählte sie.

Ich war schon gespannt, was es mit den Trollandern auf sich hatte, fragte aber vorerst nicht weiter.

„Und deine Eltern?"

„Oh, die sind in Babenhausen [Nord]. Die Mutter meines Vaters lebt dort und als sie erkrankte, zogen meine Eltern dorthin." Sie lächelte. „Vielleicht können wir sie besuchen, ... falls du ..." Sie lief rot an. „Na, ist egal!"

Ich mochte sie, muss ich gestehen. Sie hatte schöne Augen, ein hübsches Gesicht. Ihr Körper – den ich selbstverständlicherweise nicht betrachtet hatte, ich bin ja ein Gentleman – war auch nicht schlecht – nahm ich an. Darüber hinaus war sie freundlich und ich mochte ihre Art und ihr Lachen. Sie hatte sich in der letzten Nacht an mich geschmiegt und es hatte mir gefallen. Allerdings war das alles gewesen. Wie gesagt bin ich ja ein Gentleman. Und ein bisschen ärgerlich über das süffisante Grinsen meiner Leser. Grinsen Sie bitte mal nicht so, das, was ich hier schreibe, ist die reine Wahrheit! Ehrlich!

Nach dem Frühstück, meine Uhr zeigte gerade einmal auf die Sieben, zogen wir los. Rosanella drückte mir noch einen Speer in die Hand, den ich unbeholfen entgegennahm.

„Wir gehen auf die Jagd. Heute soll ein Ur erlegt werden."

„Ein Ur? Ich dachte, die wären ausgestorben!"

„Sicher nicht", widersprach meine Gastgeberin. „Aber heute Abend gibt es einen weniger! Los, komm! Wir müssen los!" Sie zog mich hoch und dann mit sich.

Grinsend führte sie mich vor das Dorf, wo auf einer kleinen Lichtung bereits drei weitere Frauen und fünf Männer warteten.

„Das ist unsere Jagdgesellschaft. Urvenator kennst du ja bereits. Er ist der Erste Jäger, und ihr kennt Ingo!"

Sie begrüßten mich, indem sie mir den Arm hinhielten und mich jeweils mit ihrer Hand am Unterarm packten. Ich tat es ihnen gleich. Ich konnte mich nicht mehr an alle Namen erinnern, aber Crocosmina, die Älteste der heutigen Jagd, erkannte ich wieder. Sie mochte fünfzig Jahre alt sein, war schlanker und zierlicher gebaut als die meisten anderen Baben und hatte stechende, kluge Augen.

Gemeinsam zogen wir los, eilten durch den Wald. Es duftete, obgleich es Spätsommer war. Das Blätterdach schirmte die Sonnenstrahlen mal mehr und mal weniger gut ab. Eichen, Hain- und Rotbuchen, Lärchen, Linden, Eschen und Birken, Pappeln und Weiden, Ulmen, Kastanien und allerlei Ahornarten erkannte ich. Tannen, Kiefern und Fichten sah ich in diesem urigen Wald nicht. Haselsträucher und allerlei Buschwerk wuchsen hier und da, und wir mussten manchen Umweg in Kauf nehmen. Höher ging es und dort wurde der Wald lichter. Wir kletterten über einige umgestürzte Bäume, die mit Pilzen bewachsen waren und traten hinaus ins Sonnenlicht. Keine zehn Meter weiter erreichten wir die Kuppe und ein Blick hinab ins Tal eröffnete sich. Kleine Baumgruppen unterbrachen die dominierende Wiesenlandschaft und ich sah ein kleines Flüsslein, das sich in der Ferne durch die Landschaft schlängelte und über so manchen winzigen Wasserfall fröhlich plätscherte.

Ein Reh wagte sich hinaus und trabte über die Wiese, vielleicht zur anderen Seite des Tales, wo erneut Wälder die Herrschaft übernahmen.

Unten graste eine Herde besonders großer Rinder mit mächtigen Hörnern, die mich eher an die spanischen Stierkampfbullen erinnerten als an das heimische Vieh. Ich erblickte das, was angeblich seit bald vierhundert Jahren kein

Auge mehr gesehen hatte, und mir wurde klar, dass das völliger Unsinn war. Die Baben lebten mit ihnen.

„Das sind Auerochsen, auch Ur genannt!", informierte mich eine der Jägerinnen.

Ich nickte, sah mich einen Moment lang um, sog tief die herrliche Luft des noch jungen Tages ein und folgte dann den Jägern ins Tal hinab, näher zu der Herde.

Einer der großen Bullen erblickte uns, er schien nicht scheu, sondern beinahe kampfeslustig. Er betrachtete uns und wir ihn.

„Wir müssen eines der Tiere bezwingen. Am besten einen Bullen wie diesen dort. Auch wenn es gefährlicher ist, einen Stier zu erlegen, er hat mehr und besseres Fleisch als die Kühe. Einer der Jäger wird ausgewählt, ihn niederzuringen, dass wir ihn fangen können", erklärte man mir. „Da du unser Gast bist, wäre es dein Vorrecht!"

Super, dachte ich bei mir. Das Tier mochte eine gute Tonne wiegen und hatte zwei Hörner, die sicherlich nicht dazu da waren, ihn daran zu packen. *Das ist es, was mir zu meinem Glück noch gefehlt hat. Ich werde mir den Stier bei den Hörnern greifen und ihn zu Boden stürzen. Eine Aufgabe wie gemacht für mich! Wieso bin ich noch mal hierhergekommen?!* Ich rümpfte die Nase. Ich hatte noch niemals einem Stier gegenüber gestanden, von einem Ur mal ganz abgesehen. Um ehrlich zu sein, hatte ich nie ein Tier in der Jagd erlegt, und auch nicht geplant, das ausgerechnet heute zu ändern. Der Tag hätte wirklich schön werden können, aber ihn so früh morgens als letzten Tag meines Lebens zu beenden, nun das widerstrebte mir.

„Du kannst das", flüstere Rosanella mir ins Ohr. „Nimm den Speer und das Netz und du kannst ihn fangen!"

Ich griff nach dem Netz, blickte es an. *Wie benutzt man das gleich noch?*, überlegte ich und rümpfte ein weiteres Mal die Nase. Ich ließ die Hand sinken. Stattdessen griff ich den Speer fester.

„Ich versuche es ohne Netz", erklärte ich, weil ich einfach nicht wusste, wie ich Waffe und Netz gleichzeitig handhaben sollte.

„Es ist dein Leben", meinte einer der großen Kerle, dessen Name mir gerade nicht einfallen wollte, und er setzte sich in Bewegung.

Die anderen fächerten sich auf, dass sich ein Halbkreis um das Tier bildete, das jetzt wütend schnaubte. Ich war der Einzige, der aufrecht stand. Als ich den Speer auf den Boden rammte, scharrte der Ur-Stier mit den Hufen und ohne Vorwarnung sprang er vor und auf einmal raste er donnernd auf mich zu.

„Okay. Einfach!", flüsterte ich zu mir. *Ich bin hier, da ist ein Stier. Du musst nicht einmal laufen, das macht er für dich. Der Plan sieht wie folgt aus: 1. Du lockst den Stier an, 2. ... äh, muss ich noch kurz überlegen, 3. der Stier liegt tot am Boden! Eigentlich simpel. Als Zweites nehmen wir einfach: Du besiegst ihn. Gute Idee. Klingt nach einem perfekten Plan.* Ich musste jetzt im Grunde genommen nur noch diesen simplen Plan in die Tat umsetzen. Ich hob meine linke Hand, streckte sie vor, wartete. „Gleich!", sagte ich halblaut und sah die bebenden Nüstern, den wutentbrannten Blick. Die Erde bebte unter dem gewaltigen Tier und ich suchte Halt, stemmte mich breitbeinig auf den Boden. Den Speer hatte ich vergessen, das Netz ebenso und gleichfalls die anderen Jäger.

Hätte ich Rosanella in diesem Moment angesehen, wäre mir das kalte Entsetzen in ihrem Blick aufgefallen, denn wohl keiner von ihnen hatte damit gerechnet, dass ich gedachte, den Ur ohne Waffe zu erlegen. Sie fingen an zu rennen, kreisten den Stier ein und Urvenator, der mir am nächsten war, eilte mir zur Hilfe. Ich bemerkte das indes nicht.

Das Tier war eindrucksvoll, keine Frage! Er, der heranstürmende Stier, den man für längst ausgestorben hielt, raste auf mich zu, senkte seinen Kopf, sodass ich ihm direkt in die feuerroten Augen blicken konnte. Ob sich nur das Sonnenlicht seltsam brach oder nicht?! Ich weiß es nicht, aber seine Augen glommen, wie in Raserei! Da war ich mir absolut und völlig sicher.

Das glänzende schwarze Fell dampfte bereits, so kam der Stier ins Schwitzen, und noch immer hielt er genau auf mich zu. Zehn Meter bis zu mir. Nur einen ganz kurzen Augenblick dachte ich daran, meinen Plan neu zu überarbeiten, aber das hätte sicherlich sieben oder acht Meter gedauert und damit zu lange, um anschließend noch zu handeln. So fixierte ich ihn mit zornigem Blick und schrie wütend auf, brüllend wie ein Löwe.

Ich war mir nicht sicher, doch ich glaubte, dass sein Ausdruck sich veränderte, dass ich Überraschung sah, und auch, dass er langsamer wurde. Ja, tatsächlich. Von vielleicht 50 Kilometern in der Stunde senkte er seine Geschwindigkeit um, sagen wir einmal, gute 10 bis 20 Prozent ab. *Das ist sein Todesurteil,* schoss es mir durch den Kopf.

Rosanella fiel in den Schrei ein, mit dem ich dem rasenden
Stier meine Wut entgegenschleuderte, doch nur mein Unter-
bewusstsein registrierte sie. Auf dieser Welt gab es in diesem

Moment nur den die Erde beben lassenden Koloss und mich – und meine Uhr an meinem linken Handgelenk. Die Hand zum Zeichen erhoben, dass er anzuhalten hatte, griff ich mit der anderen an die Uhr.

Noch fünf Meter. Ich fletschte die Zähne, griff an die Krone. Tick, tack, tick, tack. Drei Meter und ich machte mich bereit. Wie in Zeitlupe flog er heran und in dem Augenblick, als alle vier Hufe den Boden verlassen hatten, keine zwei Meter vor mir, tick, tack, zog ich die Krone aus meiner Urzeituhr und der Stier hielt inne. Einen Moment schwebte er dort, dann holte ihn das hinunter, das alles früher oder später zu Fall bringt. Die Schwerkraft ließ ihn stürzen und er kippte um.

Ungläubig betrachteten die anderen den Ur, sahen dann zu mir, der noch immer dort stand, und dann seine Arme hob und seinen Sieg hinaus in die Welt brüllte. Ein Schrei, der so sehr in dem Tal widerhallte, dass die anderen Auerochsen und die, die sonst noch kreuchten und fleuchten, erschrocken aufsprangen und davonjagten.

Die anderen fielen in meinen Jubel ein.

„Ich sagte euch doch, dass er ein Zauberer ist!", rief Rosanella frohlockend und klatschte mir auf die Schulter, dass ich keuchen musste.

„Was für ein Zauber!", gab Urvenator zu, und alle Jäger pflichteten ihm bei. „Nie sah ich, wie ein Ur so besiegt wurde."

Na, kein Wunder, dachte ich. *Vermutlich hatte vor mir noch niemand eine Uhr umgehabt, bei der man die Urzeit stoppen konnte.*

Erst als sie den Ur erschlagen hatten, drückte ich wieder auf die Krone und die Urzeit lief weiter. Doch für diesen Ur kam jede Zeit zu spät. Seine Zeit war abgelaufen.

Der Ur wurde an Ort und Stelle zerlegt. Rosanella und die anderen halfen, doch weder sie noch der Erste Jäger hatten das Kommando darüber. Die Frau von etwa fünfzig Jahren mit langem blondem Haar, das sie zu einem Zopf geflochten hatte und die auf den Namen Crocosmina hörte, zerlegte den Ur fachmännisch und wies die anderen an. Ein Junge von vielleicht fünfzehn Jahren mit weißen Bändern an den Armen, empfing ihre Befehle. Er lernte an diesem Tag, wie man ein Rindvieh zerlegt, um es in der Gemeinschaft nach Hause zu tragen. Auch ich sah zu, hielt mich aber zurück.

„War das deine erste Jagd?" Rosanella hatte sich an mich herangeschlichen, von der Seite, ohne dass ich sie bemerkt hatte.

„Ja! Und ich hatte nicht damit gerechnet, heute einen Ur zu erlegen!"

„Du warst fantastisch!", schmeichelte sie mir und lehnte sich an mich.

Ich genoss die Wärme ihres Körpers. Dafür, dass der Hochsommer vorbei war und es eigentlich schon kälter wurde, hielt ich es erstaunlich gut aus, nur mit einem Lendenschurz bekleidet.

„Was tragt ihr im Winter? Nicht solch einen Lendenschurz, oder?!"

Rosanella lachte sanft. „Wenn es richtig kalt wird, tragen wir Hemd und Hose und einen Mantel aus wärmenden Fellen. Aber der Herbst ist hier wärmer als in eurer Stadt. Erst im

November wird es kalt. Dann ziehen Wolken von Norden kommend her und bald danach wird Schnee fallen. Bis in den Februar hinein! Wir vermeiden es, im Winter zu jagen. Wir bleiben dann lieber in den Häusern oder in der Dorfhalle, wärmen uns am Feuer und erzählen Geschichten." Sie sah mich an. „Dann ist es auch im Bett am kältesten und für diese Zeit wünsche ich mir jemanden, der mich wärmt!"

Das konnte ich verstehen, doch ich drehte mich schnell zur Seite, bevor sie noch auf die Idee kam, mich zu küssen. Nicht, dass ich keinen Kuss wollte, ich hätte sie sogar sehr gerne geküsst. Aber seien wir einmal ehrlich. Ich gehörte nicht hierher. Ich kam aus einer anderen Welt, die ihr nicht gefallen würde. Ich durfte keine falschen Hoffnungen wecken. Immerhin war ich ja ein Gentle... Ach! Jetzt hören Sie schon auf zu lachen!

Die Jäger holten Äste, nachdem die Gedärme eingegraben waren, und banden die in die mitgebrachten Tücher gewickelten Teile des erlegten Auerochsen an diesen fest. Je zwei schulterten einen Stab zwischen sich. Rosanella und ich, die wir fast gleich groß waren, trugen ebenfalls gemeinsam einen Ast mit ordentlich Gewicht zwischen uns. Ich war nicht gerade schwächlich, aber es mochten gute 120 Kilogramm sein, die wir geschultert hatten, und schon nach einem Kilometer schmerzte meine Schulter und der Rücken tat mir weh.

„Na?", neckte mich das schöne Mädchen am anderen Ende der Stange. „Schwächeln wir ein wenig?"

„Nein!", widersprach ich vehement. „Nicht nur ein wenig! Und wenn ich das verdammte Ding nicht gleich absetze, breche ich zu-

zusammen!" Sie kicherte, die eine Hand vor den Mund haltend, doch sie stoppte und setzte die Last ab, was mich dazu verleitete, dankend das Gleiche zu tun. Ein Schmerz durchzuckte meinen Rücken und ich musste mich stöhnend niederlegen.

„Braucht er eine Pause?", fragte Mizcew, der zusammen mit Crocosminas Lehrling Nuland hinter uns ging.

„Ich? Sie ist fast zusammengebrochen", stöhnte ich am Boden und deutete dabei auf Rosanella.

Das löste allgemeine Erheiterung aus und die anderen sammelten sich um uns.

„Keine Bange!", grinste der Erste Jäger, als er ein Stück zurückgetrottet zu uns kam. „Du bist der erste Gast, der je erfolgreich einen Ur erlegt hat, und ich erinnere mich nicht, dass es einer jemals geschafft hat, so weit mitzuhalten. Wir Baben sind anders als ihr Stadtmenschen", erklärte er. „Aber du hast meinen Respekt!"

„Danke. Falls ich jemals wieder aufstehen kann, werde ich das zu würdigen wissen", keuchte ich vor Schmerzen.

„Der Rücken?"

Ich nickte.

„Helft mir mal!" Rosanella griff nach mir und drehte mich auf den Bauch. Dann griffen Hände nach mir und drückten meinen Rücken. Ich ertrug es tapfer, männlich, nur etwas jammernd, aber schließlich konnte ich mich wieder erheben. „Du gehst neben uns her!"

Ich widersprach nicht, sondern folgte still und leise (fast gar nicht stöhnend) bis in die Siedlung.

Noch bevor wir den Rand des Dorfes erreicht hatten, sah ich Bewegung in den Büschen und Fantarisina und eine Freundin sprangen hervor und auf uns zu.

„Das ist der Ingo!", schrie sie zum anderen Mädchen und stürmte auf mich ein. „Hast du geholfen, den Ur zu erlegen? Wie war die Jagd?"

„Er hat sich gut geschlagen", lachten die Jäger. „Er könnte ein Babe sein!"

Was für ein Kompliment. Eine Höflichkeit, die sich schnell verbreitete und fast alle ließen ihre Arbeit stehen und liegen und kamen zum Dorfplatz, um die Jagd zu feiern und mir zu gratulieren.

„Wir hatten schon lange keinen Zauberer mehr unter uns", erinnerte sich Öhm, der Alte, der vor Rosanella Dorflautester gewesen war.

Der Ur wurde zur Schlachtmeisterin gebracht. Belladivana war eine kräftige Frau und die einzige, die überhaupt etwas Bauch hatte. Sie mochte gute zwei Meter groß sein und ich kam mir wie ein Hänfling vor, als sie mich begrüßte.

„Komm!" Rosanella packte mich am Arm. „Wir gehen baden. Das Blut des Kampfes muss abgewaschen werden und du wolltest doch ein heißes Bad!"

„Da sage ich nicht nein", sagte ich nicht nein und schloss mich ihr an. Sie holte zwei große Tücher zum Trocknen, zwei frische Lendenschurze, und nur mit unseren Speeren bewaffnet ging es in den Wald. Wir bogen an einer Stelle anders ab, als früher an diesem Tag, und kamen in eine kleine Schlucht, aus der sich ein kleiner Bach ergoss. Hier begannen wir im Flussbett den Aufstieg. Das Wasser war ungewöhnlich warm und wurde wärmer, so weiter wir hinaufstiegen. Kleine Wasserfälle und Becken wechselten einander ab, dann kam eine Stelle, an der sich die Felsen verengten. Dort war ein letzter Wasserfall. Mithilfe der Speere kraxelten wir hinauf und vor uns lag ein großes Becken, aus dem Wasserdampf aufstieg. Hier und da zerplatzte eine Blase, die sich irgendwie unter Wasser gebildet hatte.

Das natürliche Bassin war wirklich warm, ja fast heiß. Als ich meinen Fuß hineinsetze, merkte ich, wie wohl es mir tat. Rosanella warf Lendenschurz und Speer von sich und sprang in das heiße Nass.

Ich tat es ihr gleich, folgte ihr und tauchte neben ihr wieder auf. Das Becken war tief, aber am Rand gab es Stellen, an denen man gut sitzen konnte und an denen es nicht zu heiß war. Dorthin war sie geschwommen und ich folgte ihr.

Sie grinste mich an.

„Na? Warm? Heiß und nass genug?"

„Auf jeden Fall!"

„Hast du so ein heißes Bad auch in deinem Haus?", wollte sie wissen.

„Ja, das habe ich, aber ein kleineres und nicht so schön", gab ich zu.

„Ich würde dein Haus gerne mal sehen", grinste sie und dann drückte sie mich unter Wasser.

Ich schloss den Mund, sah ihren hübschen Körper, während ich tauchte, und stieß mich wieder hoch, schob mich neben sie und wir ließen es uns gut gehen. Die Sonne stieg höher und es musste um die Mittagsstunde sein.

„Ich war noch nie in deiner Welt", sagte sie plötzlich. „Würde ich dort auffallen? Würde ich mich dort zurechtfinden? Könnte ich dort leben?"

„In deinem Lendenschurz würdest du sicher auffallen", lachte ich.

„Du bist doof. Ich habe Hose und Hemd und einen Umhang aus Fell", erinnerte sie mich. „Aber so Kleidung wie du hast, habe ich nicht. Nur diejenigen von uns, die man in eure Welt ausschickt, bekommen Sachen, wie ihr sie tragt", berichtete sie.

„Du warst also noch nie in meiner Welt?", hakte ich nach.

„Na, ja. In einer Mutprobe gingen wir, als wir fünfzehn oder sechzehn waren, die eiserne Straße entlang und beobachteten euch. Aber niemand traute sich über den Weg zu den Fuhrwerken, die nicht gezogen werden", erinnerte sie sich. „Ich wollte hinaus, aber meine Beine haben gezittert und ich bin im Gebüsch geblieben. Einzig Ba hat sich etwas vorgewagt, bis an den Rand der Straße, aber keinen Schritt weiter." Sie sah mich an. „Du bist mutiger als ich!"

„Das bin ich nicht. Ich wusste nicht, was auf mich zukommt, und dann war da Fantarisina, vor der ich einfach keine Angst haben konnte. Wären dort ein Ur gewesen und ihr Jäger, hätte ich euch als Erstes gesehen, hätte ich mich versteckt."

Sie schmiegte sich an mich. „Es ist schon irgendwie merkwürdig", sagte sie.

„Was meinst du?"

„Ich habe noch nicht viele aus eurer Welt gesehen. Einmal kamen drei oder vier und wollten Trollander jagen. Sie flohen aber bald. Auch die anderen haben sich nicht so mutig dem Kampf gestellt. Ich dachte immer, dass ihr alle Feiglinge seid. In meiner Vorstellung konnte ich mich nur in einen Baben verlieben, einen richtigen Mann, keinen Stadtmann!"

Oh, oh! Ich musste diese Situation irgendwie retten. Ich richtete mich auf.

„Da war doch was!", rief ich, um Rosanella abzulenken, ohne etwas gesehen zu haben, und blickte zwischen die schmaler zulaufenden Felswände. Ich erhob mich, trat auf den Felsen und just im nächsten Augenblick quiekte etwas, sprang plötzlich auf und ich erblickte eine kleine Gestalt davonhasten. Die Situation überraschte mich, weil ich vorher nichts bemerkt und mir das als Ablenkungsmanöver ausgedacht hatte.

„Ein Lauerbold!", Rosanella stellte sich neben mich. „Du hast wirklich scharfe Sinne. Ich hatte ihn noch gar nicht bemerkt! Dass sich ein Lauerbold hierherwagt! Was ist das für eine Teufelei?"

„Was ist ein Lauerbold?" Ich wandte mich zu ihr und sah ihren besorgten Blick.

„Das ist ein Unhold, ein Wesen, das sich normalerweise nur nachts vorwagt. Selbst dann bleiben sie meist in den Wäldern und kommen unserem Dorf nicht näher. Ich hätte nicht gedacht, dass wir hier auf einen treffen könnten – sogar bei Nacht hätte ich das ausgeschlossen."

„Ist er gefährlich?" Das machte mir doch etwas Sorgen.

„Das kommt darauf an. Sie sind nicht stark, wir würden spielend mit ihm fertig. Aber wären wir hier eingeschlafen, hätte er uns vielleicht die Kehlen aufgeschlitzt!"

„Oh!" Das war gar nicht gut. Ich mochte meine Kehle so, wie sie war, und hoffte, auch Rosanellas Kehle würde im momentanen Zustand bleiben. Geschlitzt würden sie uns bei Weitem weniger gut stehen. „Und was werden wir jetzt machen?"

„Wir werden ihm folgen und sehen, ob wir herausfinden, wieso er sich so nah herantraut!", sagte sie.

Eine wilde Begegnung

Rosanella warf mir den Speer zu, den ich unbeholfen fallen ließ, und eilte zu mir.

„Komm!"

„Ich gehe nicht ohne Lendenschurz!"

Sie lachte kurz, aber als sie sah, dass ich es ernst meinte, nickte sie.

„Also gut. Beeil dich!"

„Und du ziehst deinen auch an. Sonst werde ich dich nicht begleiten!" Ich drückte ihr den Lendenschurz in die Hand und zog mir meinen an.

Rosanella folgte meinem Beispiel, lediglich mit deutlich mehr Augenverdrehen, und dann, als wir beide das Mindestmaß an Kleidung angelegt hatten, rannten wir los.

Ein Rinnsal wand sich zwischen den Felsen hindurch und bewies, dass das meiste Wasser in dem Becken aus unterirdischen Quellen stammte. Die Felsen wiederum standen dicht beieinander. Zwischen einigen gab es zwei Meter Platz, mal zwängten wir uns hindurch und stetig ging es aufwärts, bis sich die Felsen ein letztes Mal weiteten und der Pfad in einem runden Kessel endete. Am Rand sahen wir noch den kleinen Schatten verschwinden. Zum Glück waren hier die Felsen nicht mehr sonderlich hoch und wir fanden schnell eine Stelle, an der wir hochkraxeln konnten.

Wir eilten hinauf, nutzen Wurzeln und Felsvorsprünge und kamen um einige Kratzer, und in meinem Fall jede Menge Erfahrung reicher, oben an.

„Sieh hier!" Die Dorflauteste deutete auf einige winzige Fußabdrücke. Sie erinnerten an die Füße eines Kindes, sah man vom übertrieben großen Zeh ab. Die Spuren führten weiter in die gleiche Richtung, in die uns auch schon der Weg zwischen den Felsen gebracht hatte, und so eilten wir hinterher, bis wir zu einer kleinen Lichtung kamen.

Hier verliefen die Fußabdrücke bis zu einem Punkt, wo der Lauerbold scheinbar wirr herumgesprungen war. Die Spur führte von dem Fleck nur noch ein kleines Stück weiter. Schon nach zwei Fußabdrücken endete sie.

In derselben Richtung gab es zwei letzte Fußabdrücke, dann endeten diese. Eine zweite Spur schien zur gleichen Stelle zu laufen, als hätten sich hier zwei Lauerbolde getroffen und wären wild im Kreis herumgesprungen, bis sie durch die Luft verschwunden waren.

„Ist er ..."

„... da rückwärts gelaufen?", ergänzte Rosanella meine Frage.

Wir folgten der neuen Spur und sahen schon nach wenigen Metern im Gebüsch den Lauerbold, der seinen Kopf nach hinten gedreht hatte und rücklings lief, sodass er uns nicht bemerkte, während er versuchte von uns zu eilen. Leise schlichen wir uns näher und dann griffen wir ihn.

Der Lauerbold war gerade gute achtzig Zentimeter groß, stellte ich fest.

„Dreiundachtzig!", beharrte er, doch ich ignorierte das.

Achtzig Zentimeter groß, mit schwarzem, zotteligem Haar auf dem Kopf und zu Zöpfen geflochtenen Augenbrauen, die links und rechts herabhingen. Seine Arme und Beine waren für den kurzen Körper viel zu lang ...

„Genau passend sind sie! Schreib das!", blaffte er mich an.

... und endeten in langen, knorrige Fingern mit spitzen Fingernägeln. Die großen Zehen waren wirklich enorm, ja fast so lang wie der halbe Fuß und ebenso dick.

„So müssen sie sein!" Er zappelte in unseren Armen.

„Sei endlich still!", fuhr Rosanella ihn an, derweil ich ihn noch immer musterte.

„Denke ja nicht daran, etwas gegen meine Nase zu sagen", mahnte er mich und hielt seine Hände davor, doch ich hatte den großen roten Knubbel unterhalb der kleinen stechenden Augen längst entdeckt, wie auch die scharfen Zähne in seinem riesigen Maul. Riesig im Vergleich zur Größe des Kopfes, darunter ein langer Ziegenbart.

„Du bist auch nicht gerade eine Schönheit!", schrie er laut.

„Na, da bin ich halt keine!", lachte ich. „Mir egal, was du denkst!"

„Nein, nein! Du siehst fantastisch aus! Wie ein Gott! Ich rede von diesem dürren, unbehaarten Affen neben dir! Nicht einmal einen Bart hat sie!" Wieder zappelte er wild und wir hatten alle Mühe, ihn zu halten, doch den Affen, mit dem er Rosanella verglichen hatte, sollte er bereuen. Sie schlug zweimal heftig zu und er jammerte still und leise weiter.

„Affe hat er mich genannt!", fauchte sie.

„Also ich finde dich hübsch!" Ich grinste sie an. „Ich mag es aber auch unbehaart und bartlos bei Frauen!" Vielleicht war ich damit in der Minderheit, doch hatte ich schon eh und je ein Faible für bartlose Frauen. Zurückgewandt an den Lauerbold fragte ich: „Wie heißt du?"

„Lauerbolde haben keinen Namen", verkündete Rosanella in einem Tonfall, als sei meine Frage die dümmste, die je gestellt worden war.

„Ich heiße Wisch!"

„Es sind viel zu dumme Wesen, als dass sie einander Namen geben könnten!"

„Wiiiiiiscchhhhh!", schrie der Zwerg.

„Und wer anders sollte ihnen schon einen Namen geben? Niemand mag sie!"

„Ich bin doch Wisch!", schniefte der Lauerbold.

„Wisch?"

„Gib ihm bloß keinen Namen! So viel Aufwand ist er nicht wert."

Wisch weinte ein paar große Kullertränen, während ich ihn weiter ausfragte. „Und wieso warst du an den Quellen?"

„Keeeeehlendurchschneiden!", schrie Wisch, als sei es ein einziges Wort. „Aber nicht deine! Ihre vielleicht, weil sie meinen Namen ignoriert!"

„Was? Wieso wolltest du Kehlen durchschneiden?"

„Das wollte ich gar nicht!"

„Wir werden nie herausfinden, was er wollte", stellte Rosanella betrübt fest. „Es sei denn: Wenn wir ihm die Finger abschneiden?"

„Also, Wisch: Wieso warst du an den Quellen?", wiederholte ich meine Frage.

„Keeeeehlendurchschneiden!", schrie der Lauerbold wieder.

„Was denn jetzt? Ich denke, du wolltest keine Kehlen durchschneiden?!" Ich war ein wenig verwirrt.

Oder war er durcheinander?

„Nein, nein, das wollte ich auch nicht!"

„Siehst du? Was erwartest du von einem Wesen, das nicht mal einen Namen hat", seufzte Rosanella.

„Ahhhhhhh! Jetzt mal Ruhe, ihr beiden! Nacheinander bitte!", verlangte ich.

„Nacheinander Ruhe?", fragten Rosanella und Wisch gleichzeitig.

„Nein! Ich stelle die Fragen und nur der Gefragte spricht! Klar?"

„Wen hast du jetzt gefragt?" Rosanella sah mich prüfend an.

„Mir ist das auch nicht so klar", meinte Wisch.

Argh! Ich hätte im Dreieck springen können.

„Wisch!", fauchte ich noch stehend und nicht springend. „Wolltest du an den Quellen Kehlen durchschneiden?"

„Nein!"

„Gut, was hast du dann dort gemacht?"

„Keeehlendurchschneiden!", schrie er wieder.

„Das ergibt überhaupt keinen Sinn!"

„Doooooch!", behauptete er nun wieder, heftiger zappelnd. „Du fragst nur immer den gleichen Blödsinn!"

Ich seufzte und Rosanella betrachtete mich mitfühlend und mit einem Hauch von *Ich hab' es dir ja gesagt!*, den ich aber völlig ignorierte.

„Gut. Du warst da, um Kehlen durchzuschneiden, wolltest es aber nicht!", fasste ich die abstruse Geschichte zusammen.

„Richtiiiiig!", schrie Wisch wild.

„Wirklich?" Ich sah ihn überrascht an.

Rosanella blickte zu mir. „Ging die Frage jetzt an mich?"

„Nein! Die ging an Wisch!"

„Wer ist Wisch?", wollte sie von mir wissen.

Ich seufzte laut. „Der Lauerbold heißt Wisch!"

„Wirklich? Ich wusste gar nicht, dass die Namen haben!"

Kopfschüttelnd wandte ich mich wieder Wisch zu.

„Also! Wieso warst du da, um Kehlen durchzuschneiden, wenn du es gar nicht wolltest?"

„Niemand hat es mir befohlen!", behaupte er und keckerte einmal laut herum. „Sag dem Affen, er soll mich nicht so böse anschaaaaaaaaauen!"

Das war wirklich ein schwieriges Gespräch, stellte ich fest.

„Rosanella, sieh' Wisch nicht so böse an! Wisch, nenn' sie nicht Affe! Und dann: Wenn niemand es dir befohlen hat, wieso warst du dann da?"

„Weil Niemand es mir befohlen hat", keckerte er wieder.

„Also wolltest du doch ..."

„Du bist soooo dumm!", lachte der Lauerbold und machte mich etwas wütend. „Höre mir doch mal zuuuuuuuuu!"

Augenrollend schluckte ich meinen Ärger hinunter als es mir plötzlich dämmerte.

„Wer ist Niemand?"

„Niemand ist kein Lauerbold! Niemand ist ein böser Geist!"

„Ein Geist?" Gab es hier etwa auch Geister? Bis zu meiner Reise nach Babenhausen (Süd) hätte ich die Existenz von irgendwelchen Spukwesen bezweifelt, aber seitdem hatte ich Baben gefunden und Auerochsen und nun einen Lauerbold. Vielleicht gab es auch Gespenster? Unsicher sah ich zu Rosanella.

„Lass' dir nichts erzählen! Geister gibt es nicht!", konterte sie.

„Wenn ich es doch sage!", schrie Wisch. „Er hat es mir selber gesagt!" – Ah, ja. „Und wo ist dieser Geist?"

Wir hatten darüber diskutiert, ob wir Wisch mit irgendetwas fesseln könnten, aber wir hatten nur unsere Speere dabei.

„Wie wäre es mit unseren Lendenschurzen? Das sollte funktionieren!", schlug Rosanella vor.

„Was ist mit dir los? Dauernd willst du diese blöden Dinger ausziehen! Ich behalte meinen auf jeden Fall an und du bitte auch!"

„Was ist mit dir los?", spiegelte sie meine Frage zurück. „Dauernd genierst du dich und hast Angst davor, einen Moment ohne dazustehen!"

„Ja, das tue ich auch", gab ich zu.

„Wieso?"

„Na, weil ... ich ... Wenn du nackt vor mir herläufst, dann machst du mich ganz nervös und wenn ich nackt bin, dann muss ich die ganze Zeit daran denken, dass ich nackt bin. Das geht beides nicht!"

Ich war wohl etwas lauter geworden als geplant, doch sie sagte nur: „Okay!"

So griffen wir Wisch links und rechts jeweils am Arm und trugen ihn zwischen uns.

„Lasst mich doch runter! Ich laufe bestimmt nicht weg!", jammerte der Getragene, doch wir ignorierten ihn, bis wir zu der Höhle kamen, in der Wisch wohnte.

„Wohnst du da alleine?", erkundigte ich mich, als wir die Felswand mit den zahlreichen Löchern sahen.

„Nein, da wohnen auch noch aaaaalleeeeeee anderen!"

„Ist egal! Es ist nicht Nacht, da haben wir nichts zu befürchten!", behauptete meine Begleiterin. „Aber dennoch bist du jetzt leise, Wusch ..."

„Wisch!"

„... sonst müssen wir dich wieder schlagen!"

„Neeeeeein, bloß nicht schlagen. Ich bin gaaaaanz leise. Ich sage keeeeeeinen Mucks mehr. Nicht eiiiiinen! Sieh' nur! Meine Liiiiiippen sind versiegelt. Als seiiiiiii ich ein Schweigebold! Keeeeein Ton ..."

Rosanella unterbrach ihn mit zwei harten Boxhieben ins Gesicht, womit er leise jammernd endlich sein Geschrei einstellte.

So hatten wir die Chance, näher zu schleichen, auch wenn mir die Gewalt nicht besonders gut gefiel.

„Du hättest ihn nicht schlagen müssen", meinte ich.

„Keine Gewalt ist auch keine Lösung", sagte sie lediglich. „Sonst hätten wir uns noch eine Stunde anhören müssen, dass er jetzt schweigt!"

Ja, vielleicht hatte sie recht.

Wir nutzen die Chance und schlichen näher heran und blickten in eine der Höhlen, in der ein notdürftiges Schlaflager eingerichtet war.

„Wo ist deine Höhle?", zischte Rosanella.

„Da hinten, die am Knick!" Wisch klang maulig, etwas ängstlich und war zum Glück leise. „Jeder weiß, dass ihr da seid. Egal wie gut ihr schleicht! Wir haben ein perfektes, unüberlistbares Gehör!"

Klar! So wie eben im Wald, als wir den kleinen Scheißer packten! Rosanella und ich blickten einander an und schüttelten unsere Köpfe. Wir schlichen also weiter zu dem Fels, der tatsächlich eine Art Knick machte. Ein Stück Felswand stand dort vor und genau in der Biegung war der Eingang zu Wischs Höhle. Sie war nicht groß, sie war ... dreckig und stank erbärmlich.

„Ahhhh! Der Duft der Heimat!", schwärmte Wisch für unseren Geschmack zu laut, dass meine Begleitung ihn anzischte, wieder leise zu sein. „Ist ja guuuuut!"

Die Höhle war klein. Ein Nachtlager aus Stroh, Blättern und alten Lumpen sahen wir an der anderen Seite. Ein paar Dinge, die der Lauerbold wohl gesammelt hatte, lagen überall verstreut. Und dann war da das Loch. Es war offensichtlich, gut zu sehen in der Wand, aber dunkel.

„Da spricht der Geist mit mir!" Wisch deutete auf eben diese Öffnung.

„Dann melde dich bei ihm, aber erzähle nichts von uns", flüsterte ich in sein Ohr.

Wir schoben ihn näher zum Loch. Da wir in der Öffnung seiner Höhle knieten, gab es keinen Weg für ihn zu entkommen. Er kroch vor das Loch.

„Niemand?", fragte er leise flüsternd.

„Wissssschhhhh!", antwortete eine dunkle Stimme. „Hast du Kehlen zerschnitten, Wissscchhhh?"

Ich boxte Wisch von hinten, deutete ihm zu antworten.

„Ja, ich habe Kehlen durchschnitten", log Wisch.

„Guuut! Ich habe es gesehen. Ich sehe alles!", behauptete der falsche Geist und saß damit einem Irrtum auf.

Ich bemerkte, wie Rosanella zurückrutschte. Sie gab mir ein Zeichen, dass sie den Geist suchen würde, und ich nickte, wandte mich wieder Wisch zu.

„Ich lasse deine Kinder gehen. Du musst nur weiter gut töten!", raunte die tiefe Stimme. „Ich habe Zauber. Mächtige Zauber! Ich bin ein mächtiger, allwissender Geist! Die Baben wollen euch vernichten", berichtete Niemand. „Sie sagen es nicht! Sie wollen nicht, das ihr das wisst!"

Oh, Mann. Der Kerl wusste nicht einmal, dass man die Konjunktion *dass* mit doppeltem S sprach und nicht nur mit einem. Was für eine ungebildete Kreatur.

„Wir werden sie aufhalten. Ich habe die Lösung. Ich habe das Wissen. Ich bin ein mächtiges Genie!", schwadronierte er weiter auf eine wenig unterhaltsame Weise. Mir fiel es schwer, mich nicht lauthals einzumischen oder alternativ meinen Schädel gegen die Felswand zu hämmern, um diesem Stumpfsinn zu entkommen. Kein Wesen mit Verstand konnte auf eine solche Zweitklässlersprache und als Unsinn identifizierbaren Schwachsinn hereinfallen. Ich hoffte, dass Rosanella bereits einen Weg zu dem Geist gefunden hatte! „Ich sage ganz bescheiden, dass ich mehr für euch Bolde getan habe als jeder vor mir!", schloss Niemand.

In der Pause stupste ich Wisch an.

„Frag ihn, was du jetzt machen sollst!"

„Wahahaaasss soll ich nun tun?", rief Wisch viel zu laut in die Öffnung.

„Leise! Sprich leise!", ermahnte ihn der Geist. „Sammele andere

Lauerbolde. Heute Nacht geht ihr in das Dorf der Baben und dort Kehlen schneiden! Ich will, das ihr mindestens zwanzig von ihnen tötet!", rief der Geist ein wenig cholerisch klingend und noch immer mit der falschen Verwendung von das und dass.

„Ja, ja", stimmte Wisch zu, als ich ihn erneut anstupste. „Aber meine Familie! Ich brauche sie. Wir sind sonst zu wenige!"

Daraufhin folgte eine Pause. Man hörte förmlich, wie das Wesen auf der anderen Seite der Öffnung grübelte. Das Genie heckte scheinbar einen neuen Plan aus.

Schließlich ertönte die Stimme erneut. „Ich, dein Schutzgeist Niemand, habe beschlossen, ein paar aus deiner Familie freizulassen! Es ist mein Wille. Sie sollen dir helfen!", verkündete er großko... großmütig.

„Hab' ich dich!" In diesem Moment vernahmen wir den Aufschrei einer weiblichen Stimme. Ich musste nicht lange überlegen, um zu erahnen, dass sie zu Rosanella gehörte. Es folgte ein dumpfer Schlag, über den ich nur eine Vermutung anstellen konnte, und das tiefe Röcheln, von dem Wesen, das sie gefunden hatte. „Dich werde ich lehren!", verkündete sie.

Flugs griff ich mir Wisch, wirbelte herum und eilte hinaus. „Rosanella?", rief ich, während ich um den Felsvorsprung herumlief.

Schon in dem Moment, als ich um die Ecke bog, sah ich ihr blondes Haupt aus einer weiter oben gelegenen Höhle schauen. Ich blickte mich um und fand einen Aufstieg.

„Hier hinauf!", fuhr ich Wisch an. „Wenn du fliehst, werde ich dir den Bart abrasieren!"

Es war eine leere Drohung. Wenn er erfolgreich floh, würde ich ihm natürlich nichts abrasieren können, aber sie verfehlte ihre Wirkung nicht.

Wisch schrie entsetzt auf: „Nicht der Bart! Nicht der Bart!", und kraxselte in Windeseile den Hang, gefolgt von mir, hinauf.

Oben stand Rosanella mit ihrem nackten Fuß auf der Kehle eines hässlichen, feisten Fettsacks. Das Gesicht war furchtbar entstellt, die Haare wirkten wie ein blonder Wischmopp auf dem Kopf. Fettschwabbel hingen überall hinab und die Haut bestand fast nur aus Falten.

„Geh runter von mir", schrie die Gestalt, die ungefähr Rosanellas Körperhöhe haben musste, aber mindestens das doppelte Gewicht. Er öffnete seinen Mund seltsam, machte Grimassen und leckte sich zum Abschluss über die Lippen, fuhr dann weiter fort: „Ich wurde verraten! Ich bin der Gute! Alle lieben mich! Nimm deinen dreckigen Fuß von meiner Kehle!"

Rosanella nahm das wohl zum Anlass, ihr Gewicht etwas zu verlagern, und die seltsame Gestalt keuchte auf.

„Hier haben wir deinen Geist, Wusch!"

„Wasch!", korrigierte ich falsch.

„Wisch!", korrigierte Wisch richtig.

„Deine Familie ist da drin in Käfigen, Wusch!"

„Wisch!", korrigierte ich.

„Wasch!", schrie Wisch erzürnt. „Nein! Ahhh! Ich meine Wissssschhhhhh!"

Er wollte losstürmen, doch ich packte ihn mir.

„Du bleibst hier! Wir schauen später nach deiner Familie!"

Wisch blickte mich ärgerlich an, dann zu seinem Geist.

„Das ist Niemand?" Er wirkte nicht überzeugt. „Er ähnelt einem Geist ja gar nicht!"

„Er ist auch kein Geist", erklärte uns Rosanella, was mich sehr erleichterte. Na, ein wenig vielleicht. Na gut. Gar nicht. Mir war eh klar gewesen, dass das kein Geist war. „Er ist ein Trollander!"

Der Trolland-Niemand-Geist wand sich, setzte zum Sprechen an, doch Rosanella schlug mit der stumpfen Seite ihres Speers zu.

„Ruhe!", fuhr sie ihn an, dann wandte sie sich an mich. „Halt Wisch gut fest, aber geh mit ihm in die Höhle. Dort sind jede Menge Seile und Fesseln und was weiß ich!"

Ich bückte mich, durchschritt den Durchgang, Wisch fest am Arm gepackt, und fand mich in einer länglichen Höhle wieder. Zu einer Seite (nach vorne zum Felsvorsprung) lagen allerlei Seil und jede Menge Stoffe. Gegenüber folgte das Lager des Trollanderss und dahinter eine Reihe mit Kisten, in denen Lauerbolde zu toben begannen.

„Meine Familie!", schrie Wisch. „Ich muss sie befreien!"

„Noch nicht!" Ich packte ihn fester. „Zuerst werden wir den Trollander fesseln und danach werden wir uns unterhalten. Erst daraufhin – und ausschließlich dann, wenn du uns versprichst, dass ihr keinen Unsinn anrichtet und keine Gefahr für das Babendorf darstellt – lasse ich dich und die Deinen vielleicht, aber auch nur vielleicht, frei! Verstanden?"

Wisch nickte.

Auf dem Haufen lagen Seile, dicke wie dünne. Ich fand ein Hundehalsband und legte es dem zappelnden Wisch um, der vor Wut heulte.

„Ich bin doch kein Huuuhuhuuuuund!", schrie er, aber es half nichts. Das Halsband schloss sich und war glücklicherweise bereits mit einer Leine verbunden, die ich fest packte. Dann griff ich mir noch ein paar dickere Schnüre und eilte zurück zu Rosanella.

Zehn Minuten später hockten wir oben auf dem Felsvorsprung vor der Höhle des Trollanders. Wisch, der für Rosanellas Geschmack zu sehr herumgezappelt hatte, steckte nun bei seiner Familie in einem zuvor leeren Käfig. Der Trollander jedoch lag fest und gut verzurrt, Arme und Beine auf dem Rücken zusammengebunden, auf dem Bauch liegend vor uns.

„Wie heißt du?", fragte ich ihn.

„Trollander erzählen dir nichts, wenn sie nicht wollen. Ich glaube nicht, dass du ihn zum Sprechen bekommen kannst!"

Ich musterte ihn.

„Ich wette, dass er gar keinen Namen hat. Er ist viel zu dumm, um sich einen Namen zu merken! Außerdem ... so richtig sprechen kann er auch nicht."

„Ich bin ein verdammtes Genie! Du Wurm. Ich heiße Tumb! Trolland Tumb!", schrie er mich an. „Ich habe Worte. Mächtige Worte. Und Magie!"

Ich zog an seiner hässlichen Tolle, die vielleicht sogar sein echtes Haar war, und seinen Kopf somit nach oben.

„Du hast keine Magie", widersprach ich, ohne zu wissen, ob

er wirklich keine Magie hatte. Ich nahm es aber an, denn er schien die ganze Zeit maßlos zu übertreiben und Unwahrheiten zu erzählen. *Wie hatte Wisch nur auf so jemanden hereinfallen können?*, fragte ich mich. *Der Lauerbold muss ganz schön naiv sein.* „Aber ich bin Zauberer und jetzt kenne ich deinen Namen. Vielleicht zaubere ich, dass dir deine Zunge abfällt!" Ich ließ seinen Kopf zurückfallen, richtete mich auf und lachte dreckig.

„Jaaaa! Tu das", stimmte mir Rosanella lautstark zu.

Ich blickte sie wütend an, schüttelte den Kopf und bedeutete ihr, nichts mehr dazu zu sagen.

„Später", behauptete ich stattdessen, „aber vielleicht erlaube ich dir auch, deine Zunge zu behalten, wenn ..."

„Du wirst mich gehen lassen, du Wurm! Ich bin der mächtige Trolland Tumb! Jeder muss tun, was ich sage", schrie er hysterisch.

Ich trat vor ihm in den Dreck, womit ich Staub in sein dreckiges Maul katapultierte, was ihn husten und würgen ließ.

„Ich schlage vor, wir lassen ihn erstmal hier liegen und kümmern uns um die Bolde!"

„Lauerbolde!", verbesserte Rosanella mich. Die Lauerbolde waren in Käfigen eingesperrt. „Richtig!", meinte Rosanella.

Es schienen schlichte, tumbe Wesen zu sein, denn die Käfige waren zwar stabil, gut aus Schilfrohr und Holz gebaut, aber die Türen waren lediglich mit einem zugeknoteten Seil verschlossen. Eigentlich hätte es keine Hürde sein sollen, aus diesen Kisten zu entkommen. Doch Wisch saß genauso wie die anderen seiner Familie in dem Käfig, rüttelte halbherzig an den Stangen und bettelte um seine Freilassung.

„Wir können sie nicht freilassen", stellte Rosanella zu meiner Überraschung fest und ließ gleich die Begründung folgen: „Sie werden uns nachstellen, unser Dorf überfallen, versuchen, uns im Schlaf die Kehlen durchzuschneiden!"

Langsam rieb ich mir das Kinn, überlegte einen Moment.

Ich glaube, ich habe eine Rasur nötig. Mein ganzes Gesicht ist voller Bartstoppeln. Die kleinen Härchen machten die Haut meines Gesichts zu einer reibeisenartigen Oberfläche, über die ich nun rieb.

„Also gut. Lass' mich mit ihnen reden!", sagte ich. „Wisch! Wer ist hier der Anführer? Das Familienoberhaupt?"

„Peloscha ist die Familienälteste", erklärte Wisch und ich nahm an, dass die Frage damit hinreichend beantwortet sei.

„Peloscha?"

Die Angesprochene meldete sich zügig und ich ging zu ihrem Käfig.

„Wenn ihr hier raus wollt, dann müsst ihr versprechen, dass ihr die Baben in Ruhe lasst und ihnen nichts antut!"

„Das verspreeeeeechen wir!", rief Peloscha. „Laaaaaasst uns nun raaaaaauuuuuusssss!"

„Moment! Ihr müsst es bei euren Bärten schwören!"

Sofort sogen alle Lauerbolde schlagartig Luft ein und wichen zurück. Peloscha blickte sich unsicher um, zögerte, doch schließlich nickte sie.

„Wir schwören es bei unseren Bärten, dass wir den Baben nichts antun und sie in Ruhe lassen!"

„Wirklich klug, Zauberer! Das war mächtige Magie!", lobte mich Rosanella und half mir beim Befreien der Lauerbolde, die sofort von dannen stürmten.

Der Trollander murmelte von seiner Macht und der großen Wahrheit vor sich hin, als wir wieder hinauskamen.

„Ihr habt die Bolde belogen! Ich bin ihr wahrer Freund. Ich bin mächtig. Sie sind mir zu Dank verpflichtet. Ihr habt sie eingesperrt!"

„Du hast sie in die Käfige gesteckt", widersprach ich.

„Lüge! LÜGE! Es waren die Baben! Ihr habt es getan!"

Ich kniete mich vor ihn, zog seinen Kopf wieder hoch, was ihm wohl sichtlich Schmerzen bereitete, doch ich ignorierte es. Da musste er jetzt durch.

„Ich bin kein Babe!", flüsterte ich in sein Ohr. „Ich bin ein Fale! Ein großer Zauberer!"

Ich hoffte, dass er das fehlende H nicht bemerkte, doch seine Rechtschreibkenntnisse schienen eher rudimentär.

„Ein Fahle?", stöhnte er. „Oh, mächtiger Fahle! Ich bin euer untergebener Diener! Ich wusste nicht, dass es hier Fahlen gibt! Ehrlich! Die Lauerbolde haben mich verführt! Sie haben das alles ausgeheckt."

„So, so!" Ich musterte ihn. „Ich glaube dir nicht!"

„Ehrlich, man zwang mich dazu. Nein, nein, es waren die Baben, nicht die Bolde!"

„Die Baben waren es auch nicht, du Wurm! Willst du, dass ich dich zertrete? Entweder sprichst du die Wahrheit oder ich werde ..."

„NEEEEEIIIINNNN!", winselte Tumb. „Wir wollten die Bolde

gegen die Baben aufwiegeln. „Trolland Irrwanna, die Verrückte, meine Mutter! Sie hat es mir befohlen!"

Ich sah Rosanella an. Sie zog eine Augenbraue hoch und war deutlich überrascht, dass wir so leichtes Spiel hatten.

„Bring mich zu ihr!"

„Nein, neeeeeein! Das geht nicht! Nicht mit der Babin bei dir!"

„Sie steht unter meinem Zauber", erklärte ich. „Sie wird alles vergessen, wenn ich es ihr befehle. Und sie tut, was immer ich will."

„Das kannst du?", fragte der Trollander überrascht.

„Ich beweise es dir!" Mit der freien Hand, die andere hatte immer noch Tumbs Haare gegriffen, wackelte ich ein wenig herum. „Ora et labora!", zauberte ich mithilfe eines klassischen lateinischen Satzes. „Hüpfe auf einem Bein, Sklavin!"

Rosanella musste sich zusammenreißen, dass sie nicht schallend loslachte, doch sofort begann sie zu hüpfen.

„Ja, Herr!", quiekte sie.

„Ad acta! Stop!", befahl ich ihr aufzuhören und Rosanella stellte das Gehüpfe ein.

„Was für ein Zauber!", staunte Tumb. „Ja, Herr, ich bringe dich zu meiner Mutter, der verrückten Irrwanna!"

Eins, zwei, Zauberei

Als wir aufbrachen, war es bereits später Nachmittag. Wisch hatte uns das Halsband freundlicherweise abgetreten und Rosanella legte es dafür Tumb um den Hals. So konnte sie ihn im Griff behalten.

„Sind Trollander Menschen?", fragte ich sie, als wir noch die Höhle durchsuchten und der Trollander gefesselt vor ihr lag.

„Nein! Keine richtigen Menschen", behauptete sie. „Du wirst es sehen, wenn er uns wirklich in ihr Dorf bringt. Das sind allesamt Missgeburten. Hässlich, innen wie außen, auch wenn sie im Erwachsenenalter wie Menschen aussehen. Wie sehr, sehr hässliche Menschen! Sie versuchen, ihre Kinder als Wechselbälger bei den Menschen zu verstecken, doch nur wenige Mütter und Väter nehmen sich der hässlichen Geschöpfe an. Dann setzen sie alles daran, ihre Familien und das ganze Gefüge nachhaltig zu stören, Chaos und Krieg zu verbreiten!"

„Warum tun die das?"

Rosanella blickte mich unschlüssig an, zuckte schließlich nur mit den Schultern.

„Ich habe nicht die geringste Ahnung." Plötzlich wechselte sie das Thema. „Ich hoffe, du weißt, was du tust. Die Fahlen werden erzürnt sein, dass du dich als einer von ihnen ausgibst!"

„Das tue ich doch gar nicht. Ich stellte mich als Fale vor – und das bin ich auch. Ein Ostwestfale!"

„Na, hoffen wir, dass sie den Unterschied hören!"

Mit Tumb an der Leine ging es den Felsen hinab und dann weiter durch den Wald. Wir liefen zügig, denn es drohte, bald

Abend zu werden, und ich hatte keine Lust bei Nacht durch einen dichten, dunklen Forst zu marschieren, um dabei vor irgendeinen Baum zu rennen, den ich nicht rechtzeitig sah. Natürlich erzählte ich Tumb nichts von meiner Sorge, sondern trieb ihn nur an.

„Die Fahlen haben uns noch nie besucht! Und lange haben wir keinen zu Gesicht bekommen. Ich hielt euch für bleicher!"

„Ich sehe aus, wie immer ich aussehen will!", fuhr ich ihn an. „DU hast mir NICHTS zu sagen! Ist dir das klar?"

„Ja, Herr, jaaaa, Herr! Bitte bestraft mich nicht. Ich bin euer untergebener Diener!", jammerte Tumb und führte uns weiter.

Der Weg war weit. Er führte uns aus dem Loh heraus über eine große Wiese, auf der viele Mohnblumen standen, wieder hinein in ein anderes Gehölz. Fast die ganze Zeit ging es bergauf und bald kamen wir so hoch, dass aus dem Laub- ein Mischwald wurde. Schließlich ragte vor uns eine Felswand aus den Bäumen auf.

Als wir aus dem Wald traten, sahen wir die ... Ja, was sahen wir da eigentlich? Hütten könnte ich schreiben, aber ich bin mir nicht sicher, ob der Begriff dem gerecht wird, was wir sahen. Die Katen bestanden aus Pappkartons und Brettern, alten Kisten und großen Blechen. Dazu ein paar Zweige kreuz und quer darübergelegt – fertig. Es war die erbärmlichste Siedlung, die ich jemals sah, und selbst die schlimmsten Ghettos vermochten es kaum, dreckiger und heruntergekommener zu sein.

„Das ist Trollandhausen (Süd)!", verkündete Tumb stolz.

„Gibt es auch ein Trollandhausen (Nord) oder [Nord]?", fragte ich, derweil ich die Einwohner musterte, die langsam aus ihren

Hütten und sogar aus Löchern krochen. Einer wie der andere wirkte wie eine Mischung aus Mensch und Orang Utan, nur hässlicher und grobschlächtiger.

„Nein. Unsere Siedlungen heißen alle Trollandhausen (Süd)!", verkündete er noch stolzer.

Vermutlich wissen sie nicht einmal, was Nord oder Süd hinter dem Namen bedeutet, überlegte ich mir.

Sogar die Kinder sahen faltig und verhutzelt aus, blickten uns irgendwie stumpfsinnig an.

„Was ist das?", schrie eine weibliche, kratzige Stimme. „Verrat, Verrat! Die Baben wollen uns vernichten! Zu den Waffen! Beschützt unser Dorf!"

Schreie hallten durch das ganze Dorf und ich sah, wie sie Knüppel und rostige Messer zogen.

„Irrwanna!", rief Tumb. „Ich bringe einen Fahlen mit! Er will dich sprechen!"

Ich trat vor.

„Ich bin Ingo, der Fale!" Ich sprach auch dieses Mal das H nicht, aber keiner der Trollander bemerkte es. „Ich will eure Anführerin sprechen. SOFORT! Sonst lösche ich euer Dorf aus!"

Als ich die eine Hand hob, taumelten die Trollander erschrocken zurück, winselten, suhlten sich am Boden und unterwarfen sich mir. *Erstaunlich! Was für Idioten. Den scheinbar Mächtigen kriechen sie in den Arsch, die anderen belügen sie und verraten sie.*

„Ich bin Irrwanna, die Obertrollanderin!", jammerte die Gestalt, die eben noch nach Krieg geschrien hatte. Sie hatte sich in den Dreck geworfen und kroch vor zu mir, den Kopf tief am Boden. „Bitte, bitte, tut mir nichts! Töte diesen Tumb, bevor du mir etwas tust", bettelte sie.

„Ich entscheide, wen ich töte!" Ich stand breitbeinig vor ihr. „Du hast Tumb befohlen, die Lauerbolde ins Babendorf zu schicken?"

„Nein, nein! Er hat das missverstanden! Es war allein seine Idee! Ich tue nur Gutes. Ich bin unschuldig, mein Sohn ist verkommen!", heulte sie.

„Ich kenne die Antwort auf die Frage. Ich kenne die Antwort auf jede Frage", log ich. „Sprich die Wahrheit!"

„Ja, ja! Wir müssen uns schützen vor den Baben! Sie wollen uns vernichten. Ich will die Trollander wieder groß machen. Wir müssen uns wehren!"

„Ich verbiete dir, die Lauerbolde aufzusuchen oder ihnen Botschaften zu schicken", sagte ich mit fester, lauter Stimme. „Und ich verbiete dir außerdem, auch nur in die Nähe des Babendorfes zu gehen!"

„Aber wir müssen uns wehren!"

„Nein! Das Babendorf gehört mir. Die Baben sind unsere Diener! Und du wirst unsere Diener nicht angreifen, sonst komme ich wieder und vernichte euch! Hast du das verstanden?"

„Ja, ja, ja! Wir wollen nicht ins Babendorf! Wir gehen nie dahin. Das Babendorf interessiert uns nicht. Trollandhausen (Süd) ist ein mächtiges Dorf, ein großes Dorf! Wir brauchen nichts von den Baben, wir wollen nichts von den Baben!"

„Ich warne dich! Vergiss das nie!", verlangte ich.

Die Trollander jammerten, bettelten um ihr Leben und ich musste mich zusammenreißen, nicht laut loszulachen.

Auf mein Zeichen entließ Rosanella unseren angeleinten Begleiter. Die Sonne färbte den Himmel rot. Wir würden schnell zurücklaufen müssen, um uns irgendwo abseits von diesen Trollandern einen Unterschlupf für die Nacht zu suchen.

„Beweise deine Macht mit einem Zauber!", verlangte Irrwanna. Verdammt. Woher sollte ich einen Zauber nehmen? Ich blickte auf meine Uhr und in diesem Moment fiel es mir ein.

„Komm näher!", befahl ich ihr und sie kroch heran, bis sie unmittelbar vor meinen Füßen lag. „Richte dich auf! Los!" Sie rappelte sich hoch und stand vor mir, nur ein kleines Stück weniger groß als ich selbst, mit Fettsäcken am ganzen Leib, bis zu ihrer Scham hängenden Brüsten und Haaren am ganzen Körper und dem gleichen gelbblonden Schopf auf dem Kopf, der auch Tumb kennzeichnete. Ich hob meinen Arm. „Lumen!", hauchte ich deutlich, laut genug, dass auch die anderen es hören konnten, und drückte auf den kleinen Knopf meiner Armbanduhr, die daraufhin aufleuchtete.

Irrwanna schrie auf, taumelte zurück und fiel in den Dreck, als das Licht sie blendete. Sofort begannen die Trollander, sich auf dem Boden zu winden und zu jammern.

„Töte uns nicht, oh Mächtiger! Wir sind deine treuen Diener!"

„Ich gehe nun! In der Nacht fühle ich mich am wohlsten. Und solltet ihr mich zürnen, komme ich in der Nacht und lasse euch in Feuersäulen aufgehen!", drohte ich. Nicht, dass ich das vermocht hätte, aber das wusste ja keiner von ihnen. „Los, Sklavin! Folge mir!", donnerte ich mit strenger Stimme zu Rosanella, die sofort „Ja, Herr!" antwortete und hinter mir herlief.

„Was für Zauber!", schwärmte sie, als wir uns ein Stück entfernt hatten. „Du hast sie sich auf dem Boden winden lassen. Du hast mit donnernder Stimme gesprochen und Licht heraufbeschworen!"

„Du weißt schon, dass das alles keine Zauber waren?", fragte ich sie.

„Doch! Das waren Zauber! Ich wusste gleich, dass du ein Zauberer bist. In deiner Gegenwart habe ich selbst vor den Fahlen keine Angst!" Sie griff meine Hand und wir gingen durch den Wald hinab. Es war schon dunkel, als wir auf die Wiese kamen. „Ich glaube, ich weiß, wo wir heute schlafen können!", sagte sie und zog mich mit sich.

Es ging über die Wiese, der Duft der Mohnblumen war betäubend, das Zirpen der Zikaden und der Gesang einiger nachtaktiver Vögel übertönten das Plätschern des Baches, in den ich fast gestolpert wäre. Wir folgten seinem Lauf der Weide entlang zwischen beiden Wäldern. Bald erblickte ich eine Mauer aus Stein. Die erste, seitdem ich ins Land der Baben gekommen war. Sie war halb zerfallen und überwuchert. Meine hübsche Begleitung hielt darauf zu. Dreihundert, vielleicht vierhundert Meter folgten wir ihr, bis wir an ein Tor kamen, durch das wir sie durchquerten.

Auf der anderen Seite war ein Garten. Orangenbäume, Zitronenbäume und Oliven wuchsen dort. Ich roch den Duft reifer Feigen. Nie hätte ich angenommen, bei uns solch einen Garten zu finden, doch hier war er. Viel konnte ich freilich nicht mehr sehen, denn die Nacht war dunkel.

„Komm!", flüsterte die schöne Babin. „Wir müssen leise sein.

Nachts gibt es hier Irrwichte und vielleicht sogar Fahlen. Wir wollen sie nicht auf uns aufmerksam machen!"

Ich hängte mich an ihren Lendenschurzzipfel, folgte ihr durch den Garten und schon bald kamen wir an die Ruine eines Hauses, davor, im Mondlicht gut zu sehen, ein Springbrunnen, dessen Wasser noch immer lustig sprudelte. Rosanella führte mich weiter zu einer Tür, sie drückte sie auf und es ging hinab.

Ich erinnerte mich an meine Uhr, aktivierte das Licht, das kaum bis zum Boden reichte, doch es gab nur sieben Stufen. Auf der rechten Seite öffnete sich eine Tür, durch die Rosanella schlüpfte und ich hinterdrein.

„Moment!", sagte sie. „Komm mal mit dem Licht!"

Sie suchte im Dunkeln und dann plötzlich hörte ich Stahl auf Stein schlagen und ich sah einige Funken. Es dauert eine Minute oder zwei und sie hatte ein winziges Feuer entfacht, das sie immer weiter schürte.

Endlich konnte ich mich umblicken.

„Ist das eine Sauna?", staunte ich. Ich sah die Holzbänke, einen Ofen, Steine und Holz.

„Das ist es. Wir schwitzen ein wenig und dann nehmen wir eine der Fackeln und suchen einen Raum zum Schlafen! Im Dunkeln hätte ich keinen anderen finden können und nicht gewusst, wie Licht zu machen wäre!"

„Na gut! Saunieren wir. Ich bin schon fast passend angezogen. Ich vermisse nur mein Handtuch!", grinste ich.

Der Ofen wurde schnell heiß und schon bald nahm die Babin eine Fackel und wir holten mit einem Eimer Wasser aus dem

Brunnen, um einen Aufguss zu machen. Mitten in dem verfallenen Garten schwitzen wir in einer Sauna.

„Müssen wir hier keine Angst vor Irrwichten haben?"

„Irrwichte mögen kein Feuer und sie meiden die Ruinen, so weit es geht", erklärte sie mir. „Die Fahlen lassen sich nicht so einfach abschrecken, aber solange wir keinen Lärm machen …!"

Schweiß bildete sich auf meiner Haut, die Hitze war groß, fast so unerträglich, dass ich noch einmal Wasser über die Steine goss. Dampf stieg auf und ich fing an, noch stärker zu schwitzen, dennoch war es angenehm. Rosanella lag lasziv auf einer der Holzbänke. Ihr Leib glänzte rot im Schein des Feuers, der aus dem Ofen fiel.

Ich hockte mich auf die andere Seite und betrachtete die Schönheit einen Moment, bevor ich mich abwandte.

„Komm, wir springen in den Brunnen", schlug sie irgendwann vor und das taten wir. Das Nass des kleinen Beckens war eisig kalt im ersten Augenblick, aber dann sehr angenehm. Sie schwamm zu mir, umarmte mich, ich drückte sie unter Wasser, dass sie prustend wieder auftauchte.

„Ich bin müde und muss jetzt dringend schlafen gehen!"

„Dann lass' uns ein Lager für die Nacht suchen. Entweder ein Moosbett oder ein Zimmer im Keller", schlug sie vor.

„Wird es nicht zu kalt?"

„Nein, das ist ein Sommergarten. Hier ist immer eine laue Sommernacht, das ganze Jahr lang!"

Sie hatte recht. Es war warm und als wir uns auf dem Moosbett unter einem Blütenbusch – in der Dunkelheit war schwer auszumachen, worum es sich handelte, aber ich hielt es für einen Rhododendron – aneinander kuschelten, schlief ich schnell ein. Ich vergaß sogar die Irrwichte und die Fahlen. Aber vermutlich töteten sie uns in dieser Nacht nicht, denn wir wurden von Vogelgezwitscher und der aufgehenden Sonne geweckt.

Erst jetzt offenbarte sich die volle Schönheit unseres Schlaflagers, des Gartens und der Ruinen. Violette und weiße Blüten wechselten sich über unseren Köpfen ab und ich musste feststellen, mich nicht geirrt zu haben. Der Busch war so hoch, dass ich fast aufrecht unter den Blättern stehen konnte.

Der Garten war ein Blütenmeer. Die Zitronenbäume und Orangen standen in voller Blüte, grüne und gelbe Zitronen hingen an den Ästen. Bei Zitrusfrüchten mochte so etwas vorkommen, doch auch die Feigen und Kirschen, die Mangos und Avocados, Birnen und Pfirsiche und all die anderen Bäume, die dort wuchsen, waren farbenfroh und trugen unreife wie auch reife Früchte.

Unser Frühstück war schnell zusammengestellt, auch wenn ich bemerkte, dass uns ein Messer fehlte. Wir nahmen unsere Speere zur Hilfe.

Wir futterten reichlich der köstlichen Früchte und schon bald war ich satt und wieder müde. Rosanella kroch zu mir, drückte ihren warmen Leib gegen meinen und wir fielen in einen tiefen Schlaf.

Als wir wach wurden, musste es später Nachmittag sein.

„Ich war so müde", berichtete sie, und mir war es ebenso ergangen. „Ich weiß nicht, ob wir es heute bis nach Hause schaffen!"

„Mmmmh! Vielleicht sollten wir noch eine Nacht hierbleiben und morgen in der Früh aufbrechen?", schlug ich vor.

Rosanella stimmte mir sofort zu und so begannen wir den Garten zu erkunden, solange es noch hell war.

Die Ruinen zeugten von einem prächtigen Bauwerk. Weiß waren die Wände gewesen und türkis die Dächer. Einige Wände standen noch und sogar ein Turm, den wir hinaufstiegen, um den Garten zu überblicken.

„Warst du schon einmal hier oben?"

„Nein, noch nie!"

So weit das Auge reichte, sah ich nichts von der Zivilisation, als sei ich durch ein Tor in eine andere Welt marschiert und vielleicht, ja vielleicht war genau das passiert.

„Es ist schön hier!"

„Ja, das ist es!" Sie lehnte sich gegen mich und ihre eine Hand strich über meine Brust, während ihre andere auf meiner Schulter ruhte. „Es macht mich ganz traurig!"

„Wieso macht es dich traurig?"

„Weil es hier so schön ist und früher voller Leben war, aber nun verlassen hier liegt. Verlassen bis auf ein paar Irrwichte und ... die Fahlen!"

„Erzähle mir von den Irrwichten!"

„Ich weiß nicht viel über sie. Der alte Öhm könnte dir mehr sagen. Früher hatten wir noch einen Zauberer, der alles über sie wusste. Aber er ging und ließ uns zurück. Normalerweise hätte er einen Lehrling ausbilden müssen ..." Sie hielt inne. „Irrwichte sind eine Art von Bolden. Sie kommen nur in der

Nähe von Ruinen und Friedhöfen vor. Sie werden vom Tod angelockt und auch abgestoßen. Man sieht sie nur in der Nacht. Sobald sich die Sonne erhebt, entschwinden sie, müssen zurück zu den Gräbern und Ruinen, die sie so hassen. Darum ist man dort vor ihnen sicher. Sie haben Angst, dort nicht mehr zu entkommen."

„Sind es Geister?"

„Nein, nein! Sie sind aus Fleisch und Blut. Über einen Meter groß, dürr, knorrig, mit großen Augen und bleichen Gesichtern. Und sie locken Baben und wahrscheinlich auch andere Menschen in Fallen, um sie dort zu töten. Es hat etwas mit ihrer Bindung an einen Ort zu tun, frag mich aber nicht, wieso!"

„Und die Fahlen?"

„Leise!", zischte sie und krallte sich fester an mich. „Nenne sie nie laut! Nicht an Orten wie diesen. Die Fahlen wohnen in Fahlendorf. Das ist ihre Siedlung. Doch immer streifen einige von ihnen durch das Land und suchen Orte, an denen sie sorglose Wanderer finden. Sie sind kreidebleich wie Gespenster, dagegen sind die Irrwichter geradezu ein Anblick von Leben. Ihre Augen sind dunkel, schwarz und ihre Haare hängen ihnen in Fransen von den Köpfen. Fast wie von Totenschädeln. Sie können zaubern und sind sehr mächtig. Nur größere Gruppen müssen keine Angst vor ihnen haben. Aber ein oder zwei Wanderer ... Würden wir auf einen Fahlen treffen, müsstest du deine ganze Magie heraufbeschwören!"

„Okay", stimmte ich zu, wohl wissend, dass ich nicht gerade über viel Magie verfügte. Sah man einmal von meiner Urzeituhr ab, doch ich glaubte nicht, dass ein Fahle sich davon abhalten ließ ... *ja, wovon eigentlich?* „Und was tun die Fahlen?"

„Sie saugen einem das Leben aus! Manchmal machen sie auch einen Menschen zu einem der Ihren."

„Okay!" Das klang doch eher nach einer Schauergeschichte.

„Aber zu deinen Aufgaben gehört es auch, mit ihnen zu verhandeln?", erinnerte ich mich.

„Das würde es. Öhm hat vielleicht mal mit ihnen verhandelt. Ich nicht!"

„Und wie viele Fahlen hast du schon gesehen?", fragte ich weiter.

„Bislang noch keinen!" Sie klang erleichtert.

„Und, woher weißt du, dass es hier Fahlen gibt?"

„Na, weil man sich im Dorf davon erzählt!"

Also gut. Die Fahlen also. Rosanella hatte noch keinen gesehen. Die Trollander auch nicht. Vielleicht gab es sie gar nicht? Oder vielleicht waren sie ganz gewöhnliche Menschen? Oder Baben? Aber Baben waren ja auch Menschen. Nur halt ... eben ... Baben halt.

„Komm, wie schauen uns weiter um!"

Wir fanden einen recht gut erhaltenen Raum, in dem irgendwer ein paar alte Decken zurückgelassen hatte, die sich notfalls auch als Nachlager eignen würden. Doch ich bevorzugte das Moosbett, soweit es die Temperatur zuließ. Es gab einen alten Keller, in dem sogar noch ein paar Weinflaschen lagerten, und Rosanella nahm sich eine davon mit.

Der Friedhof lag hinter dem Haus und ein Stückchen dahinter lagen weitere Ruinen. Vielleicht war dies einst ein kleines

Dorf gewesen oder ein Gutshof. Wir beschlossen, noch einmal die Sauna zu genießen, bevor wir uns schlafenlegen wollten. Solange es noch hell genug war, sammelten wir ein paar Früchte, und als wir schließlich aus der Sauna kamen, öffnete Rosanella den Wein und kostete ihn und gemeinsam aßen wir von den Früchten. Wir schmiegten uns eng aneinander. Die schöne Babin zog mich zu sich, wir blickten einander in die Augen, von denen wir im Dunkel der Nacht nur ein Glänzen sehen konnten. Dieses Mal schliefen wir eng Arm in Arm ein.

Als der neue Tag uns weckte, stand die Sonne schon hoch am Himmel, und der Tag war bei Weitem nicht mehr so neu, wie er hätte sein sollen. Ich blickte auf meine Uhr.

„Fast Mittag!", stellte ich fest. „Und ich habe Hunger!"

„Ich auch!", gab Rosanella zu. „Lass' uns ein paar Früchte essen und dann gehen wir heimwärts!"

Wir liefen durch den Garten, sammelten diese und jene Frucht und genossen es, in das saftige Obst zu beißen. Die blonde Frau griff eine Mango, schnitt sie auf, hielt sie über mich und ich senkte den Kopf in den Nacken, um den Saft mit dem Mund aufzufangen.

Sie beugte sich über mich, biss in das saftige Fruchtfleisch, grinste mir zu und bot mir an, von der anderen Seite abzubeißen.

Ich biss herzhaft hinein, der Saft spritzte und unsere Lippen berührten einander zum ersten Mal.

So aßen wir und tollten durch den Garten, bis wir zurück zum Brunnen kamen.

„Ich muss mich waschen!", rief ich und sprang hinein.

Rosanella folgte mir mit einem Köpper, tauchte bis zu mir und umarmte mich.

Ich drückte mich gegen den Rand, lehnte meine Arme links und recht darauf und ... Als ich wach wurde, war die Nacht längst angebrochen.

„Was ist passiert?", fragte ich noch schlaftrunken.

Doch ich bekam keine Antwort. Ich sah mich um. *Nein, sie ist nicht da. Ich bin alleine. Verdammt! Ist sie etwa ...?* Panisch tauchte ich hinab. Es war zu dunkel, um den Boden zu sehen, und so gab ich bald auf, stieg aus dem Wasser.

„Rosanella?", zischte ich, getraute mich jedoch nicht, lauter zu rufen, da ich ihrer Warnung gedachte.

Ich suchte nach der Fackel, doch fand sie nicht. Also zog ich im Dunkeln der Nacht aus und hoffte, sie nicht zu übersehen. Ich sah an unserem Schlafplatz nach und umrundete den Brunnen. Die Sauna war leer und kalt und auch der Raum mit den Decken verwaist. Ich eilte den Turm hinauf, stieß mir die Zehen und kam oben fluchend an.

Ein Blick hinaus offenbarte völlige Dunkelheit. Sogar der Mond war heute nicht zu sehen. *Ist denn schon Neumond?*, fragte ich mich verwundert, denn in der letzten Nacht hatte er uns noch beschienen. Jetzt flackerten nur einige Sterne am Himmel. Endlos viele, um genau zu sein, doch kein Mond weit und breit.

Seufzend stieg ich vorsichtig hinab, um nicht ins Stolpern zu geraten, und, endlich am Boden angekommen, wandte ich mich dem Teil des Gartens hinter dem Haus zu.

„Sie kann ja überall sein. Die Mauer ist wenigstens fünfhundert Meter alleine in der Richtung lang, aus der wir kamen", flüsterte ich leise. „Wie lang der Garten insgesamt ist, vermag ich nicht zu sagen. Oder wie breit?" Was anderes blieb mir nicht übrig, als einmal noch leise zu fluchen, und mich weiter auf die Suche zu begeben.

Ich suchte um das alte Gebäude herum, auch die Treppen und die Terrassen ab, wagte mich aber nicht in die eingestürzten Teile. Da ich noch immer keine Spur hatte, hielt ich auf den Friedhof zu.

In der Ferne heulte ein Hund oder vielleicht doch eher ein Wolf? *Keine Ahnung, wie sich ein Wolf anhört!* In diesem Moment wurde mir klar, dass ich meinen Speer nicht dabei hatte und auch nicht meinen Lendenschurz. Ich war nackt, sah man einmal von den Bändchen an Armen und Beinen und meiner Uhr ab.

„Verdammt!", fluchte ich, blickte auf die Uhr und las die Zeit ab. „Verdammt!" Dreiundzwanzig Uhr durch. „Verdammt, verdammt!" Noch immer keine Spur von ihr.

Der Friedhof mochte aus etwa einhundert Gräbern bestehen. Die Grabsteine standen nicht, sondern sie lagen auf den Bestattungsstellen, das hatten wir bereits am Nachmittag herausgefunden. Ich ging näher. Die weißen Steine hoben sich recht gut gegen den dunklen Boden ab und dann sah ich sie: einen bleichen Leib, nackt auf einem der Grabsteine. Meine Nackenhärchen stellten sich auf. Ein weiteres Mal sah ich mich um, doch außer uns schien noch immer niemand da zu sein.

Nicht einmal ein Irrwicht ... hoffte ich. Ich eilte zu ihr, kniete mich neben sie. Die blonde Babin lag dort, ihre Augen waren geschlossen, ihr linkes Bein angewinkelt, dass ihr Knie nach oben ragte, der eine Arm lag auf ihrem Busen, die andere Hand auf ihrem Schritt. Als ich mich über sie beugen wollte, um ihren Namen zu flüstern, öffnete sie die Augen.

Schwarze Augen.

Tiefschwarze Augen.

Ich erstarrte und eine Gänsehaut sorgte dafür, dass sich trotz der angenehmen Temperatur alle Härchen an meinem Körper aufstellten.

„Ro ... Rosanella?", flüsterte ich.

„Küss mich!", sagte sie, doch ihre Stimme war tief, rau, fast in Basslage und hatte wenig mit Rosanellas Stimme gemein. Ich schrak zurück, kippte nach hinten und fiel auf einen anderen Grabstein.

Der Schlag traf mich heftig. Einen Moment lang drehte sich alles. Ich spürte, wie die Welt noch grauer und dunkler wurde, und ich musste gegen die Ohnmacht ankämpfen.

Just in diesem Moment tauchte Rosanellas Gesicht über mir auf. Auf allen vieren kniete sie über mir.

„KÜSS MICH!", donnerte der tiefe Bass erneut.

„Wer bist du?", keuchte ich, versuchte sie, von mir zu stemmen.

„Ich bin niemand anderes! Ich bin die, die du kennst!", behauptete die Stimme.

„Runter von mir!", verlangte ich, schob sie von mir und rollte mich zur anderen Seite, um aufzuspringen.

Rosanella stand bereits vor mir, als ich mich endlich aufgerappelt hatte, zwei Meter vielleicht entfernt. Sie kam auf mich zu. Sie ging nicht, sie rutschte über den kalten Stein.

„Das ist jetzt etwas unheimlich!", erklärte ich laut und deutlich, streckte meine linke Hand (die mit der Armbanduhr) aus und gab das Zeichen, dass sie nicht näher kommen sollte, indem ich die Hand vor ihr hob. „Stopp!"

Tatsächlich stoppte das Wesen in Rosanellas Gestalt.

„Lass' uns im Moos schlafen!", dröhnte die Stimme. „Unsere Körper müssen sich vereinigen!"

„Ha!", schrie ich laut auf. „Auf keinen Fall! Und jetzt sag mir, wer du bist!"

„Ich bin Roooowenta ... Rooosenthal ... Rooollei ... Roooossman ... Roooo ..."

„Unsinn!", unterbrach ich.

„Ich bin die, die du kennst. Ich bin ... Rosenkohl!"

Mehr als ein verächtliches Schnauben hatte ich nicht über.

„Erst zählst du irgendwelche Markennamen auf und jetzt Gemüse! Also, bevor ich sauer werde, sag mir, wer du bist!"

„Saerdna!" Der Name klang wie ein rückwärts gesprochenes Wort, scharf und zischend.

„Bist du ein Irrwicht?"

„Nein!", bellte die Stimme fast.

„Bist du sicher?"

„Ich bin kein Irrwicht!", behauptete die Gestalt. „Was ist so ein Irrwicht eigentlich. Wir kennen hier Irrwichte nicht!"

„Okay. Und ich bin kein Fahle!", sagte ich.

„Du siehst nicht aus wie ein Fahle!"

„Du siehst nicht aus wie ein Irrwicht!", spiegelte ich.

„Bin ich aber!", kreischte die Gestalt dieses Mal schrill und unmenschlich und sprang mich an.

Zum Glück stürzte ich nicht wieder auf eine Steinplatte, sondern auf Erde und Gras. Dennoch war der Schlag heftig und als sich der Irrwicht in Rosanellas Körper auf mich warf, drückte er mir die Luft aus den Lungen. Ihr Mund presste sich auf meinen und ich spürte die Kälte, drehte meinen Kopf fort und atmete tief ein.

„KÜSS MICH!" Die Tonlage war wieder dunkel geworden. Tief und finster und dröhnend.

„Nein!", fauchte ich und schob sie von mir, wirbelte herum und sah Rosanella wie ein Tier auf mich zuschießen. Als sie zum Sprung ansetze, rollte ich mich zur Seite ab und rappelte mich erneut auf.

„KÜSS MICH! Es wird dir gefallen! Du wirst das Paradies in diesem Garten erleben!", behauptete die Gestalt.

„Okay! Aber komm her! Ich will dich umarmen und ich will einen sanften Kuss!", gab ich scheinbar nach.

Die schwarzen Augen blickten überrascht.

„So sei es!", donnerte die Stimme und Rosanella kam auf mich zu.

Ich stand dort, blieb stehen. Ihre Hände griffen meine Wangen und sie schloss die Augen. In diesem Moment schlug ich mit aller Kraft zu. Sie fiel, gefällt wie ein Baum, knallte auf den Stein und eine zweite Gestalt löste sich plötzlich von ihr, rutsche den Grabstein weiter entlang. Es war eine weiße Gestalt, kleiner, mit trüben Augen, einem fast konturlosen Gesicht. Der Körper und die Gliedmaßen dünn wie Zweiglein. Die Finger lang und knorrig. Ich griff zu, drückte die Gestalt auf den Stein.

„Neeeeeeiiiinnnn!", schrie sie schrill und unmenschlich.

„Ich werde dich in dieses Grab reindrücken!", drohte ich.

„Nein, nein! Nicht!", flehte der Irrwicht.

Zornentbrannt starrte ich ihn an.

„Wieso sollte ich nicht?"

„Ich werde dir helfen ... euch helfen", versprach die geisterhafte Gestalt. Ich konnte ihm in den Mund blicken, sah keine Zähne, keine Zunge, nur die grauen Lippen und einen dunklen Rachen. „Ich zeige euch, wie ihr fliehen könnt!", stöhnte er.

„Also gut! Wie können wir fliehen?"

Bis zu diesem Moment hatte ich nicht einmal damit gerechnet, dass das ein Problem sein könnte. Wir mussten ja höchsten bis zum nächsten Morgen warten oder wir könnten direkt aus dem Tor laufen ...

Während ich noch so darüber philosophierte und Saerdna zum Reden ansetzte, traf mich ein Schlag auf den Hinterkopf und schickte mich in das Land der Nicht-Träume.

Irgendwann wurde ich wach. Mein Kopf dröhnte und mein Leib schmerzte. Ich drückte mich vom Grabstein hoch, sah eine dunkle Stelle dort, wo ich gelegen hatte. Ich griff an meinen Schädel, fand eine klebrige Masse vor, die mein Gesicht bedeckte, und richtete mich stöhnend weiter auf.

Von Saerdna oder Rosanella fehlte jede Spur.

„Mistikack", fluchte ich. Das hatte mir gerade noch gefehlt!

Völlig benommen ging ich zurück zu der alten Ruine, umkreiste sie, suchte Speer und Lendenschurz, doch konnte beides in der Dunkelheit nicht finden. *Haben wir heute Speer und Lendenschurz getragen?*, fragte ich mich. Die Erinnerung war verschwommen, wie mein Blick auf das Hier und Jetzt. Mühsam schleppte ich mich zum Brunnen, kniete mich davor hin, griff ins kühle Nass und wusch mir das Gesicht. Einen Augenblick stockte ich. *Ist das ein Gesicht? Im Wasser? Vor mir?* Es war ein Gesicht. Und das Gesicht blickte zu mir, aber mich nicht an. Ich sah es und wem immer es gehörte, der war auf dem Turm!

Ich sprang auf und begann zu rennen. Obwohl die Dunkelheit im Turm undurchdringlich war, stürmte ich hinauf und – *das Glück ist mit dem Dummen,* so sagte meine Mutter immer – kam oben an, ohne zu stolpern.

Die Gestalt gehörte weder Rosanella noch einem Irrwitz oder Irrwicht oder wie diese Gestalt noch geheißen hatte.

„Wer bist du?", fauchte ich sie an und betrachtete sie genauer. Sie war bleich, kreidebleich. Ihre Augen waren schwarz (wie bei Rosanella, in dem Moment, als ich sie besessen vorgefunden hatte), das Haar ebenso lang, fasrig und dünn. Sie ähnelte einem Menschen, hatte aber eine Ausstrahlung, die einem die Angst über den Rücken zu jagen vermochte. Aber nicht jetzt. Jetzt war da Zorn.

„Ich bin der Fahle!", erklärte mir die Gestalt mit einer krächzenden Stimme. „Der Wanderer aus dem Norden. Frost werde ich genannt!"

„Ah, ja!"

„Du hast dich als ich ausgegeben", warf er mir vor.

„Au contraire! Ich gab mich als Fale aus, was ich auch bin."

„Und als Zauberer!"

„Gib mir Rosanella zurück oder ich werde dir einen Zaubertrick zeigen!"

Die Gestalt sah mich durchdringend an. Sie hob eine ihrer weißen Hände und deutete in die Nacht. Unten erstrahlte plötzlich ein fahles Licht, tauchte einen Teil des Gartens in einen unwirklichen Schein. Ich sah eine Art Mausoleum, das wir bislang nicht entdeckt hatten. Zwei Gestalten zogen Rosanellas leblosen Körper hinter sich her, auf die Türe zu.

„Heute werden wir von ihr trinken und bald von dir. Du wirst sie nicht retten und ihr beide werdet unsere Nahrung sein!"

„Alles klar!", nickte ich, deutete zu dem erhellten Mausoleum. „Jetzt sieh' dorthin und fürchte meinen Zauber!"

Der Fahle lachte, aber er drehte sich in die Richtung des kleinen steinernen Gebäudes.

„Zeig mir deine Macht!", verlangte er.

„Wie du willst", willigte ich ein und stieß zu. Mit einem gellenden Schrei stürzte der fahle Wanderer in die Tiefe. Die anderen beiden Gestalten rissen ihre Köpfe herum und ließen Rosanella fallen. Ich spurtete los, als ich den Körper auf dem Stein aufschlagen hörte.

„Du hast es nicht anders gewollt", belehrte ich ihn unten bei ihm angekommen.

Was immer die Fahlen auch für eine Macht besaßen, dieser

würde keinen Gebrauch mehr davon machen. Sein Schädel und seine Knochen waren zertrümmert. Aber er hatte ein Messer, das er wohl auch nicht mehr benötigte. Ich griff es mir. Das Heft war aus Knochen, schön verziert, die Klinge aus Stahl, kalt und scharf.

Die beiden anderen Gestalten erreichten den Platz, just als ich mich aufgerichtet hatte.

„Ahhhhh!", keuchte ich schwer. „Ich habe euch erwartet! Lasst mich eure Seelen trinken!" Diese Ankündigung schien sie völlig aus dem Konzept zu bringen. Sie blickten einander fragend an. Ich hielt das Messer so, dass sie es nicht sehen konnten, ging auf sie zu. „Du zuerst!", sagte ich. „Weiche oder stirb!"

Ein Grinsen breitete sich über den Schädel des Fahlen aus.

„Nein! Du zuerst!", lachte er. „Ich bin der Fahle. Eis ist mein Name!"

„Moment!", forderte ich ihn auf. „Und du?"

Wieder verwirrte ich die beiden. Eine gute Gelegenheit, einen weiteren Schritt zu gehen.

„Ich", behauptete der Dritte, „bin der Fahle. Nacht ist mein Name!"

Beide blickten mich wieder an, als wollten sie mich greifen.

„Moment!", verlangte ich erneut. „Ich will mich kurz vorstellen. Ich bin Ingo, der Fale. Zauberer!"

„Nein, das bist du nicht!"

„Doch! Das bin ich!", nickte ich mir selbst zustimmend und stieß mit der Klinge in diesem Augenblick zu. Eis war nicht so schnell wie der Stahl und seine Kehle war weniger hart.

Nacht wich zurück, als er seinen Freund sterben sah.

„Eins, zwei, Zauberei!", grinste ich. „Frieden oder Sterben?"

Der Fahle keuchte „Frieden!" und rannte davon.

Rosanella lag regungslos keine fünf Meter vor dem Mausoleum, das zu meinem Glück noch immer in das fahle Licht gehüllt war. Ich versuchte sie zu wecken, hatte jedoch keinen Erfolg, also kontrollierte ich Atem und Puls – doch beides schien mir normal.

„Ach, verdammt!", maulte ich, hob sie an und trug sie zu unserem Rastplatz. Als ich sie dort abgelegt hatte, überlegte ich, ob ich sie noch einmal alleine zurücklassen könnte. Vielleicht war irgendetwas in dem Mausoleum, dass, einer näheren Betrachtung unterzogen, sich als hilfreich und gut erweisen würde, doch schließlich legte ich mich einfach neben sie, drückte mich an ihren Körper und schlief alsbald ein.

Wieder weckte uns ein neuer Tag. Nun, genau genommen erweckte er mich.

„Rosanella?", flüsterte ich und versuchte, sie sanft wachzurütteln.

„Ingo?", hauchte sie, öffnete ihre Augen nur ein kleines bisschen und schloss sie wieder. „Ich bin so müde!"

„Wir müssen hier weg", sagte ich, „denn es lauern hier Fahlen und auch Irrwichte. Sie haben dich entführt, ich konnte zwei von ihnen töten ..."

„Du hast zwei Irrwichte getötet?", fragte sie staunend, aber matt.

„Nein, ich habe zwei Fahlen getötet", berichtete ich.

Ganz, ganz langsam schüttelte sie ihren Kopf.

„Niemand kann einen Fahlen töten", widersprach sie mir und schlief wieder ein.

Einen Moment verharrte ich neben ihr, bevor ich mich erhob.

Na, du sagtest, tagsüber sei es ungefährlich! Also kann ich dich einen Moment alleine lassen!

Ich musste nachsehen! Lagen dort die beiden Körper? Es waren nur dreißig Meter von unserem Rhododendron bis zum Fuß des Turmes. Ich ging um ihn herum und sah die beiden Toten.

„Definitiv tot!", stellte ich fest, beugte mich dann aber doch noch einmal herunter, um zu überprüfen, dass sie nicht einfach nur verwundet waren oder dort schliefen. „Nein, tot!", versicherte ich mir. Auch der zweite besaß einen Dolch, nach dem ich gestern Abend nicht mehr geschaut hatte. Ich nahm ihn an mich und machte mich dann auf die Suche nach unserer Kleidung und den Speeren.

Beides blieb verschollen.

Mit spitzen Lippen, die ich nach links und rechts wandern ließ, überlegte ich einen Moment, dann machte ich mich auf zum Mausoleum, das nun ganz und gar nicht mehr im fahlen Licht, sondern im lichten Sonnenschein vor mir stand.

Seufzend stieß ich die Tür auf und fand mich in einem kleinen Raum wieder, in dem drei steinerne, liegenförmige Sockel standen. Nein, das war kein Mausoleum, das war eine Schlafstätte für die Fahlen, doch nun war sie verlassen. Ich sah mich um, suchte und fand immerhin einen der beiden Speere. Der Rest unserer Habseligkeiten blieb jedoch verschollen.

Mit Speer und zwei langen Messern ging ich zurück, pflückte noch ein wenig Obst und träufelte schließlich etwas Saft in

Rosanellas Mund. Das weckte sie und sie aß von der Birne, aber nur einen Happen.

„Ich bin zu müde zum Kauen", stöhnte sie.

„Ich kann ja vorkauen!", scherzte ich und war verblüfft, als sie ihren Mund öffnete.

„Los!", feuerte sie mich an.

„Nein, das mache ich nicht!"

Wäre sie meine Freundin gewesen, dann vielleicht. Ich schnitt stattdessen eine Frucht in winzig kleine Stücke und gab sie in ihren Mund.

„Und jetzt gehen wir los! Egal, ob ich dich tragen muss oder nicht!"

„Schaffst du es, mich zu tragen?"

„Na logisch! Du bist doch ein Federgewicht!"

Ich packte sie, hob sie an und trug sie hinaus.

Verdammt! Wieso bist du so schwer? Keuchend schleppte ich mich an der Mauer vorbei in die Richtung, aus der wir gekommen waren. Die steinerne Abtrennung lag zu unserer Rechten und wir würden hinter ihr nach rechts abbiegen müssen. Ich hoffte, dass ich den Weg nicht verfehlte, denn wir waren irgendwie durch das Buschwerk gelaufen.

Hundert Meter, zweihundert, dann dreihundert. *Die Hälfte der Mauer hast du hinter dir,* feuerte ich mich an und trabte weiter. Vierhundert, fünfhundert ... Ich suchte das Ende. *Konnte ich mich so verschätzt haben?* Nun, ja. Meter ist eine Einheit, die sich schwer zählen lässt, hat man nur seine Füße. Also ging ich weiter und kam zu einem Tor durch die Mauer.

„Moment mal! Das kann doch nicht sein!"

„Was ist denn?"

Ich drückte Rosanella einen Dolch in die Hand.

„Du wartest hier, ich bin gleich zurück!"

Ich hüpfte durch das Tor, kam durch ein paar Obstbäume und dann sah ich die Ruine, den Brunnen davor, den Turm mit den beiden toten Fahlen an seinem Fuß und den Rhododendronbusch.

Abendbrot mausetot oder so

Ich hockte neben Rosanella. Sie hatte ihren Kopf gegen mich gelehnt. „Ich bin noch immer müde!", sagte sie.

„Ich auch!"

„Du hast uns nicht fortgebracht, stimmt das?"

„Stimmt!"

„Wieso nicht?"

„Keine Ahnung!"

Sie blickte mich müde an. „Und nun?"

„Nun, werde ich dich stützen und wir gehen quer über die Wiese zum anderen Wald zurück zu den Trollandern", verkündete ich. „Wir sind ein Stück die Mauer entlang gegangen, als wir herkamen. Wir müssten also ungefähr dorthin!" Ich deutete diagonal auf einen Abschnitt des Waldes auf der anderen Seite der Wiese.

„Und dann?"

„Dann werden wir König und Königin von speichelleckenden Idioten! Oder wir gehen von dort aus wieder los und suchen unseren alten Weg!"

„Klingt nach einem Plan", musste sie zugeben und so humpelten wir los.

Langsam näherten wir uns der anderen Seite der Wiese und einer Mauer mit einem Tor darin.

„Ah, ja! War zu befürchten. Da sind wir wieder!", stellte ich fest. Ich musste nicht in den Garten, um zu wissen, wo wir waren, und dennoch betrat ich ihn wieder. „Na, trautes Heim,

Glück allein!", verkündete ich. „Wir sind hier gebunden wie Schattenwesen – wie Geister!"

Die blonde Babin sah mich enttäuscht an.

„Wir müssen erst den Bund, den Fluch, was auch immer lösen!"

„Ja, dann lass' und das tun!", stimmte ich zu, überlegte kurz und sah sie fragend an: „Und wie macht man sowas?"

Sie zuckte mit ihren hübschen Schultern.

„Gut! Dann habe ich einen Plan. Wir suchen Saerdna, den Irrwicht. Er sagte, dass er uns helfen würde zu entkommen!"

„Perfekt. Wir werden also einem Irrwicht Glauben schenken?"

Sie sah nicht glücklich bei dem Gedanken aus.

„Nicht, wenn du einen besseren Plan hast!"

Rosanella, die langsam ein wenig Kräfte zurückbekam, untersuchte die beiden toten Körper.

„Das sind wirklich Fahlen!", stellte sie fest. „Wie hast du sie getötet?"

„Zauberei! Den einen habe ich vom Turm gestoßen und dann mit seinem Messer den zweiten aufgeschlitzt. Deren Kehlen sind nicht unverwundbar!"

„Doch sind sie. Nur nicht gegen ihre eigenen Klingen!"

Oh!, dachte ich. „Oh!", sagte ich. „Da bin ich aber froh, dass sie uns die Speere geklaut haben, sonst hätte ich es wohl möglich noch damit probiert und hätte ziemlich dumm dabei ausgesehen."

„Du hast sie doch bezwungen. Ich wüsste nicht, dass jemand schon mal einen Fahlen töten konnte!", tröstete sie mich. „Und außerdem hast du mich gerettet!" Sie drückte sich an mich und mir einen Kuss auf die Wange. „Danke!", hauchte sie.

„Und nun gehen wir auf den Friedhof!"

„Wieso das?"

„Ich habe da so eine Ahnung!" Oh ja, die hatte ich und es hatte mit dem Grabstein zu tun, auf dem sich Rosanella in der letzten Nacht geräkelt hatte.

„Okay. Aber ich habe Hunger", meinte sie. „Lass' uns bevor es dunkel wird noch etwas essen!" Sie packte mich ohne auf eine Antwort zu warten an der Hand und zog mich mit sich.

Wie immer gab es genügend Früchte und wir liefen eine Weile herum, um verschiedene zu sammeln, und ließen uns dann unter einem der Bäume nieder. Rosanella schnitt eine Feige auf und schob mir die eine Hälfte in den Mund.

„Süß, oder?"

„Absolut", gab ich zu und genoss es, von der hübschen Frau gefüttert zu werden. Sie tat es sichtlich gerne und als sie mir andeutete, meinen Kopf in ihren Schoß zu betten, ließ ich es zu, legte mein Haupt auf ihre Schenkel.

„Schließ die Augen", hauchte sie und gab mir etwas von dem Obst, das ich als Mango identifizierte.

Fast zerfloss das Stück in meinem Mund. Ich schluckte und dann wurde es schwarz.

Die folgende Geschichte erlebte ich nicht selber, doch Rosanella erzählte mir später all das, was sie gesehen hatte und was ihr zugestoßen war, sodass ich es hier aufschreiben kann. Es ist der einzige Teil der Aufzeichnungen meiner ersten Reise in das Land der Baben, von dem ich nicht mit Fug und Recht behaupten kann, alles mit eigenen Augen erblickt zu haben und nichts als die reine Wahrheit wiedergeben zu können. Doch ich denke, dass Rosanellas Schilderungen der reinen Wahrheit entsprechen.

Es war dunkel, als die Babin wieder erwachte. Noch einen Moment vorher, so schien es ihr zumindest, hatte sie mir ein Stück Mango gegeben und dann selbst davon gekostet. Just als sie schluckte, überkam sie diese große Müdigkeit. „Nur einen Augenblick", hatte sie gesagt.

Sie wusste nicht, wie viel Zeit vergangen war, aber es mussten Stunden sein. Das Mahl hatten wir am frühen Nachmittag zu uns genommen, doch nun war es dunkel, nur der Mond stand hell leuchtend am Himmel. Sicherlich hätte sie sich noch mehr gewundert, wenn sie mitbekommen hätte, dass ich ihn in der vorherigen Nacht vergeblich gesucht hatte. Aber das war ihr nicht bekannt und so erstaunte sie nur die vergangene Zeit.

Sie lag noch dort, wo wir gemeinsam unser Mahl aus Früchten verspeist hatten, blickte sich um, doch von mir keine Spur. Auch der Speer, den sie an den Baum gelehnt hatte, war verschwunden. Wieder einmal! Doch die beiden langen Messer der Fahlen lagen noch neben ihr.

„Ingo?", rief sie scheu in die Nacht, ergriff die erste Waffe und richtete sich auf. Sie hatte keinen Rucksack, keine Tasche und nichts, wohin sie die zweite Klinge stecken konnte, nicht einmal den Lendenschurz, denn unsere Kleidung war zusammen mit dem zweiten Speer irgendwann verschwunden und bislang nicht wieder aufgetaucht.

Einen Moment sah sie sich um, fragte sich, wo sie suchen sollte, doch dann erblickte sie einen Lichtschein zwischen den

Bäumen. *Mitnehmen oder hierlassen?,* überlegte sie sich noch, griff aber dann das zweite Messer und lief vorsichtig in Richtung des Lichts.

Schon nach wenigen Schritten war ihr klar, dass das Licht nahe der Ruine sein musste, vielleicht gar aus dem verfallenen Gebäude selbst kam und als sie näher trat, sah sie das alte Haus in neuem Glanz. Von einer Ruine war nichts mehr zu sehen, nein, das Herrenhaus stand dort in voller Pracht, war hell erleuchtet und sogar Stimmen und Fetzen von Musik drangen an ihr Ohr. Das Mauerwerk war wie neu, das Dach wieder vorhanden und aus den Fenstern fiel ein Lichtschein nach draußen.

„Ist das ein Traum?", fragte sie halblaut, ging langsam auf das Eingangsportal zu. Die Flügel der Pforte öffneten sich, als sie nähertrat, und zwei Diener nahmen sie in Empfang.

„So könnt Ihr nicht hinein", erklärte der eine. „Ihr braucht eine Maske. Hier nehmt diese", sagte der andere und reichte ihr eine Maske.

Es war eine filigrane Maske aus silbrigen Fäden auf schwarzem Stoff, wie aus feiner Spitze. Sie setzte sich die Maske auf und wurde hineingeführt.

Der große Festsaal war hell erleuchtet und voller Gäste. Die meisten waren menschlich, vermutlich sogar Baben, schätzte Rosanella. Jeder trug eine Maske und einen Lendenschurz. Nur sie selber war, wie ihr ein Blick hinab offenbarte, noch immer nackt, von der Maske einmal abgesehen. Niemand schien sich daran zu stören. Die Gesichter der Diener waren völlig von einem Schutz bedeckt, sodass die Dorflauteste keine Gesichtszüge ausmachen konnte. Die Bediensteten waren in Samt und Brokat gekleidet, trugen Hemden und Hosen, Mäntel, Handschuhe und Stiefel, dass man nicht eine Stelle ihrer Haut erblicken konnte.

An der einen Seite gab es eine reich gedeckte Tafel, an der einige Gäste aßen und miteinander sprachen. In der Mitte waren Tische aufgestellt, an denen einige saßen, andere standen und sich angeregt unterhielten. Auf den Liegen an den Seiten räkelten sich nackte Körper, erst jetzt, als sie weiter in den Saal gegangen war, bemerkte Rosanella, dass sie doch nicht die einzig völlig Nackte war.

Ein Mann griff ihre Hand, zog sie zu sich und küsste sie.

„Lass' uns spielen!", hauchte er.

Die Kriegerin schob ihn fort.

„Finger weg!", zischte sie wutentbrannt und schlug nach dem Kerl, der jedoch behände zur Seite sprang und sich ein anderes Opfer suchte.

„Du bist schön", flüstere eine weibliche Stimme in ihr Ohr, „wie eine Blume, eine Rose!"

Rosanella spürte die Hände nach ihren Brüsten greifen, versuchte, sie von sich zu schieben. Doch schon kam eine zweite Frau dazu.

„Eine Rose, die wir pflücken sollten!", keuchte diese und griff ebenfalls nach dem Körper der sich wehrenden Babin.

Dann folgten Männerhände.

„Wir wollen sehen, ob wir ihr dir Dornen nehmen können",

schlug der Mann vor. Rosanella schlug um sich.

„Lasst mich!", schrie sie, doch immer mehr Hände griffen ihren Körper, hoben sie hoch und trugen die schreiende Kriegerin zu einer der Liegen.

„Vereinige dich mit uns! Spüre die Lust!", begehrten die Stimmen.

In dem Moment, als man sie auf die Liege hinabließ, rollte sich Rosanella zur Seite, sprang auf und hastete davon. Vor ihr war eine Tür, sie stürmte darauf zu, stieß sie auf, rannte hindurch und fand sich in einem düsteren Gewölbe, das nur spärlich von Fackeln erleuchtet war, wieder. Sie drehte sich um, doch hinter ihr war keine Tür, kein Tor, nur ein dunkler Gang. Sie schluckte, richtete ihre Aufmerksamkeit auf das, was vor ihr lag, und ging los.

Schon bald kam sie an einer Öffnung vorbei, dahinter war ein Raum. Frauen knieten dort nackt und gefesselt, die Augen verbunden, und warteten auf einen der Männer, die von Frau zu Frau gingen.

„Komm her!", rief einer von diesen. „Lass' dich von deiner Lust führen!"

Eilig schritt sie voran, ließ den Durchgang hinter sich und kam zu einem zweiten. Dort wanden sich nackte Leiber, Dutzende vielleicht.

„Komm her!", rief eine der Frauen. „Lebe dich aus! Koste von deinem Leben!"

Rosanella begann zu rennen, passierte den ein oder anderen Raum, in dem unbeschreibliche Dinge geschahen (oder sie wollte mir davon einfach nicht berichten) und jedes Mal wurde sie aufgefordert, einzutreten und sich hinzugeben.

Sie stürzte fast in einen Saal, der sich plötzlich vor ihr auftat. Der Saal war nur spärlich erleuchtet, doch entflammten große Laternen, als Hände sie griffen.

„Du gehörst uns! Diene uns!", riefen Gestalten, die kaum noch menschlich schienen, deren Gesichter fast konturlos waren.

„Nein! Das ist alles nur ein Traum!", brüllte Rosanella. „Nichts von dem ist wahr!"

Fester griffen die Hände zu, zerrten sie auf ein Bett, auf dem nackte Männer und Frauen sich miteinander vergnügten.

„Komm zu uns!", verlangten sie, zogen Rosanella zu sich.

„Nein, nein! Ich will nicht!"

„Du wirst es lieben!"

In diesem Moment fiel ihr ein, dass sie doch zwei Dolche gehalten hatte.

„Wo sind meine Dolche?" Entsetzt starrte sie auf ihre Finger und fühlte auf einmal die Hefte, die sie hielt. Einen Augenblick später, schon zwischen die anderen Leiber gezogen, sah sie die Klingen in ihren Händen und stieß zu. „Das ist alles nicht wahr!", schrie sie, und in diesem Moment zerbrach die Illusion.

Sie fand sich im Keller der Ruine, die Decke war halb eingestürzt und Mondlicht erhellte die andere Seite. Ein paar bleiche Gestalten hielten sie, in eine davon hatte sie den Dolch gebohrt. Ein schriller Schrei drang aus der Kehle des Irrwichts, die anderen schraken zurück, ließen sie los!

Mit einer Drehung riss sie den Dolch aus dem Körper des Sterbenden, sprang vor und stach erneut zu. Die anderen Irrwichte stoben auseinander, flohen, versuchten, sich vor Rosanella in Sicherheit zu bringen.

Die Babin blickte sich um. Zwei verletzte, vielleicht sterbende Irrwichte lagen am Boden.

„Wo ist Ingo? Wo ist mein Begleiter?", schrie sie, setzte die Waffe an der Kehle des einen an.

„Nein!", schrie das Wesen in Entsetzen. „Er ist im Tempel, im alten Tempel! Dort wartet er auf dich, dass ihr ein Kind für uns zeugt, einen Irrwicht!"

„Wo ist dieser Tempel!", schrie Rosanella und drohte noch einmal mit der Waffe.

„Er ist auf der anderen Seite des Dorfes, das du hinter dem Friedhof findest!"

Flink kletterte sie über das Geröll aus dem Keller ins Freie, rannte über den Friedhof zu den weiter hinten gelegenen Ruinen, die wir bis dahin zwar gesehen, aber nicht erkundet hatte. Gut zwei Dutzend Häuser mussten dort einst gelegen haben und das letzte von ihnen war das einzige, das noch halbwegs stand. Eine Kuppel getragen von einigen Säulen.

In der Mitte stand ein steinerner Altar aus weißem Marmor und darauf fand Rosanella mich.

„Ingo? Ingo!"

Ich hörte meinen Namen, während ich noch über die Wiese hüpfte und nach Früchten jagte. Ich drehte mich um, doch dann waren mir die lieblichen Speisen wichtiger. Ich griff nach einer und ... Klatsch! Rosanellas Hand traf meine Wange so fest und unerwartet, dass ich aufschrie.

„Wieso schlägst du mich?", fuhr ich sie an, als ich mich aufrichtete und meine Augen öffnete.

„Wieso? Weil die Irrwichte dich verschleppt haben und du nicht aufwachen wolltest!"

„Das ist doch kein Grund", warf ich ein. „Na ja, vielleicht schon, aber kein guter! Du hättest mich anders wecken können!"

„Das habe ich doch versucht", erklärte sie. „Los! Wir müssen hier weg. Wo ist der Irrwicht, der uns helfen will?"

Wir rannten zum Friedhof.

„Saerdna! Saerdna!", schrie ich. „Wo bist du! Wir tun dir nichts, wir brauchen dich!" Wir blickten uns um, doch kein Saerdna war zu sehen. „Mistikack!", fluchte ich und begann ihn zu suchen. „Hier habe ich dich gefunden! Da! Lies mal: ‚Andreas Rittmeister der Falen' steht hier auf dem Grabstein! Ich wette ... ja, Andreas – Saerdna! Saerdna ist Andreas rückwärts gesprochen!"

„Und was hilft uns das?"

„Andreas! Rittmeister der Falen! Ich rufe dich!"

Es dauerte nur einen Moment, dann löste sich eine Gestalt aus der Dunkelheit, trat zwischen einigen Sträuchern hervor und ich erkannte den Irrwicht, der in Rosanella gefahren war.

„Was willst du?"

„Wir wollen den Ort verlassen! Sag uns, wie du es versprochen hast, wie wir von hier entfliehen können!"

Saerdna schien hin und her zu überlegen. Schließlich kam er

langsam näher. „Dann müsst ihr mir helfen. Ich muss hier als Irrwicht verweilen, da mein Körper nicht verfallen will und ein Schutzzauber auf meinem Grab liegt. Er wurde einbalsamiert und eine Rune hält mich an Ort und Stelle. Verbrennt meinen Körper und zerstört die Rune! Versprecht es!"

„Das werden wir. Ich verspreche es!", sagte ich.

„Ich auch", schloss sich Rosanella an.

„Ihr dürft keine der Früchte essen, den ganzen Tag nicht, morgen in der Nacht nicht und am darauffolgenden Tag ebensowenig. Wenn ihr nichts mehr esst und in der zweiten Nacht rückwärts laufend den Garten verlasst, dann werdet ihr weitergehen können. Aber esst ihr eine der Früchte, müsst ihr verweilen, bis ihr zwei ganze Tage und Nächte hier verbracht habt, ohne vom Obst zu essen. Jede Nacht werden wir kommen und versuchen, dass ihr euch auf unser Spiel einlasst. Wenn ihr euch von uns besessen im Liebesakt vereint, dann werdet ihr für immer hierbleiben. Du, Ingo, wirst sofort ein Irrwicht werden, und du, Rosanella, wirst nach sieben Tagen einen Irrwicht gebären und dann auch zu einem von uns werden."

„Oh! Das ist weniger schön!", musste ich zugeben. Dann sollten wir lieber das Obst meiden.

„Schon ein Tag ohne die Früchte reicht, dass ihr keine der großen Illusionen mehr seht, aber dennoch werden wir euch auf den Friedhof oder in den Tempel locken, dass ihr dort ein Kind für uns zeugt!", erklärte der einstige Rittmeister.

„Und, wenn wir euch alle befreien?", schlug Rosanella vor.

„Nur die Rittmeister wurden einbalsamiert. Sieben von uns!

Der Rest der Irrwichte – und das sind bei Weitem mehr – ging aus Liebesakten hervor. Sie kann man nicht befreien!"

„Also gut! Wir sollten sein Grab aufbrechen und ihn verbrennen!"

„Nicht solange es Nacht ist. Ich werde sonst über euch herfallen und euch töten!"

„Ich habe diese Dolche!" Rosanella hob einen der Dolche an.

„Du kannst uns verletzen, doch wir werden uns nach zwei oder drei Nächten wieder erheben, egal wie schwer du uns verletzt. Sterben können wir nur durch die Aufhebung des Schutzzaubers oder mächtige Rituale!"

Herrlich war der neue Tag.

Als die Sonne sich erhoben hatte, suchten wir große Äste, um die Gräber zu öffnen. Sieben Rittmeister hatte es gegeben: Hermann Sohn des Andreas, Andreas Sohn des Ottomar, Ottomar Sohn des Markus, Markus Sohn des Karl, Karl Sohn des Adam, Adam Sohn des Gabriel und Gabriel, von dem wir nicht wussten, ob er irgendein Sohn war, denn es stand nicht auf seinem Grab zu lesen. Es war eine anstrengende Arbeit, die Gräber zu öffnen. Die Runensteine nahmen wir heraus, warfen Laub und getrocknetes Astwerk hinein und entzündeten die mumifizierten Leichname. Ein öliger Rauch stieg auf, der uns husten ließ, so rannten wir davon auf die andere Seite der Ruine des Herrensitzes.

Die Runensteine zertrümmerten wir mit Steinen und hofften, dass wir die sieben erlöst hatten.

„Ich habe vielleicht Hunger!", jammerte Rosanella, als das Werk vollbracht war. „Ich wünschte, wir hätten etwas zu essen!"

„Ich möchte ungern der Vater eines Irrwichts werden", gab ich zu bedenken.

„Ich weiß es doch. Aber die Sauna können wir benutzen. Vielleicht, wenn wir ausreichend schwitzen, können wir besser schlafen!"

„Also gut! Wieso nicht?"

Schwitzend saßen wir in der Sauna, unterhielten uns über das, was Rosanella erlebt hatte, ich erzählte noch von meinem Kampf gegen den Irrwicht und die Fahlen, dann gingen wir in den Brunnen schwimmen.

Rosanella kam auf mich zu, umarmte mich.

„Wäre es nicht so gefährlich, was hier alles passieren würde, würde ich dich jetzt glatt hier im Becken lieben!" Sie zwinkerte mir zu.

„Ähm! Zu gefährlich", stimmte ich zu. „Und außerdem! Vielleicht lassen nur die Irrwichte dich denken, dass du das willst!"

Sie rümpfte ihr Näschen und ich döppte sie unter.

In der Nacht schliefen wir unbehelligt wie in der ersten.

Der zweite Tag war schwieriger. Wir streiften umher, untersuchten das Dorf oder das, was davon über geblieben war, und mieden es, den Obstbäumen zu nahe zu kommen.

„Wie das hier wohl zu einem verwunschenen Ort wurde?" Rosanella blickte sich um. „Alles sieht aus, als sei es irgendwann verlassen worden und dann mit der Zeit eingestürzt. Hier hat niemand gebrandtschatz, man kann keine Spuren eines Angriffs sehen!"

„Ich glaube, es hat mit den Fahlen zu tun", mutmaßte ich.

„Wie kommst du darauf?"

„Der Bau der Fahlen ist der einzige erhaltene und er sieht anders aus. So als hätten sie sich hier breitgemacht!"

„Die Fahlen gegen die Falen also?"

„Wäre doch möglich! Wollen wir uns das Gebäude noch einmal anschauen?"

„Na ja. Solange du auf dem Weg kein Obst pflückst und isst, will ich nichts dagegen sagen! Also los, Ingo! Lass' uns schauen, ob wir da etwas finden!"

Schon auf dem Weg dahin veränderte sich meine Stimmung. Plötzlich hatte ich ein ungutes Gefühl und bedeutete Rosanella, leise zu sein.

Leise schlich ich mich zu der Tür und die Babin blieb dicht hinter mir, jeder mit einem Dolch in der Hand. Als ich die Pforte langsam öffnete, sah ich dort eine weiße Gestalt auf dem Bett aus Stein.

Rosanella erschrak sichtlich und auch mir war nicht wohl zumute.

Langsam glitt ich in den Raum, dicht gefolgt von der Babin, legte die Klinge an die Kehle des Fahlen.

„Ganz vorsichtig!", sagte ich laut.

Der Fahle schlug die Augen auf. Ich sah die schwarzen Augäpfel und wie er mich anstarrte.

„Eine falsche Bewegung und ich töte dich!"

„Vielleicht solltest du das ohnehin", meinte Rosanella.

„Nein! Wir werden uns unterhalten!", widersprach ich.

„Was willst du!" Die Stimme der Gestalt war ausdruckslos, aber krächzig. So, als sei sie unendlich alt.

„Habt ihr diesen Ort zu dem gemacht, was er ist?", fragte ich ihn.

Nacht, so war sein Name, blickte mich düster an. Wie hätte er mit diesen Augen auch anders blicken sollen.

„Es war immer unser Garten. Die Menschen kamen und raubten uns das Land. Sie raubten uns fast alles Land. Aber dieses haben wir uns zurückgeholt!"

Ich nickte. „Ist das wahr?"

„Das ist es!"

„Also gut. Wir wollen nur gehen. Es ist der zweite Tag, ohne dass wir vom Obst essen und heute Nacht können wir verschwinden. Wir wollen keinen Kampf. Wenn du uns gehen lässt, ist alles gut!"

„Damit ihr mit anderen zurückkommt, um uns das Land zu rauben?"

„Nein, ich werde bestimmt nicht zurückkehren!"

Rosanella stimmte mir sofort zu. „Ich auch nicht!"

Der Fahle musterte uns.

„Also gut. Aber du musst uns verraten, wer du bist! Seit Jahrhunderten konnte kein Mensch einen Fahlen töten und du hast zwei von uns umgebracht!"

„Genau genommen habe ich mich verteidigt", korrigierte ich. „Ich bin Ingo, Zauberer der Falen!"

„Ich wusste nicht, dass es noch mächtige Zauberer unter den Menschen gibt. Und ich wusste nicht, dass die Falen zurück sind", gestand er. „Ingo, der Zauberer! Gehe und ich werde mich nicht rächen. Aber kehre nicht wieder zurück!"

„Das verspreche ich!"

Mitten in der Nacht verließen wir den Ort der Fahlen rückwärts und rannten, bis wir nicht mehr konnten. Erst an den heißen Quellen hielten wir an. Dort badeten wir, wuschen den Dreck von uns und fanden die Schurze, die Rosanella zum Tausch mitgebracht hatte.

Zum Abschied

Dieses Mal wurde ich geweckt, als Rosanella sich dichter an mich drückte. Ihre Hand schob sich auf meine Brust und ihr warmer Körper gegen meinen Rücken. Ich hätte es abstreiten können, dass mir das gefiel, aber das wäre gelogen gewesen. Und wie Sie, liebe Leser, bereits wissen, halte ich mich hier strikt an die reine Wahrheit. Ich genoss also die Berührung und ihren Atem in meinem Nacken.

„Bist du wach?", flüsterte Rosanella leise.

„Ja!"

„Ich bin froh, dass du mein Bett wärmst!", hauchte sie mir ins Ohr und küsste meinen Nacken.

„Ich bin auch froh, hier zu sein. Aber wir sollten es nicht weitertreiben", sagte ich. „Wir kommen aus ganz unterschiedlichen Welten und irgendwann muss ich wieder gehen!"

Die Dorflauteste sagte nichts, sie seufzte nur.

„Warum nur musst du so vernünftig sein?"

„Weil ich weder dein noch mein Herz brechen möchte!", erwiderte ich.

Und genauso meinte ich es. Ich wusste, dass alles, was weiter ging als das, was wir bisher gehabt hatten, gefährlich war. Gefährlich für unsere Herzen. Ich hätte mich gerne zu ihr gedreht, sie an mich gezogen und sie geküsst, aber sie war eine Babin und ich ein ... Ja, was war ich eigentlich? Gute Frage! Also, jedenfalls kein Babe! Sie war eine Babin und ich nicht. Ha! Ich war ein Fale! Einer ohne H, also einer von den weniger gefährlichen. Ein Ostwestfale, um genau zu sein. Wir waren auch ein wildes Völkchen. Nicht umsonst sprach man vom gefährlichen Ostwestfalen! Aber wir waren doch ganz anders als die Baben. Jedenfalls die meisten von uns.

„Wir werden also nicht ...", begann sie.

„Auf keinen Fall!"

„Kein bisschen? Nicht einmal ein kleines bisschen?" Sie sah mich mit großen Augen an.

„Nicht mal ein ganz kleines bisschen!"

„Wir könnten doch ... Wenigstens einmal!" Sie verzog den Mund zu einer Schnute und blickte ganz traurig.

Ich seufzte! „Also gut! Einmal! Aber schnell, schnell und wir erzählen es niemandem!"

„Okay!", grinste sie und erhob sich, ging in den anderen Raum.

Schließlich kam sie mit dampfendem Kaffee zurück, mit Pfannkuchen und Sirup und wir machten das, was ich eigentlich nicht hatte tun wollen: Wir frühstückten im Bett.

Wie versprochen blieb es unser Geheimnis und wir erzählten an diesem Tag niemandem davon. Nicht einmal der neugierigen Fantarisina, die uns schon erwartete, als wir fast eine halbe Stunde später das Haus verließen. Doch es gab so manches andere zu erzählen. Immer mehr Baben fanden sich ein und wir berichteten allen, die es hören wollten oder die nur zufällig da waren, von den Lauerbolden, teilten ihnen alles über die Trollander mit und auch vom Ort der Fahlen, den schon einige besucht hatten. Jetzt wunderte sich niemand mehr, dass regelmäßig junge Leute verschwunden waren, denn auch wenn einige Glück gehabt hatten und nicht in den Bann der Irrwichte und Fahlen gekommen waren und somit entfiehen konnten, waren immer wieder Baben nicht mehr von diesem Ort zurückgekehrt.

Es dauerte Stunden, bis wir die Geschichte ausführlich vorgetragen hatten, dann eine weitere, um bestimmte Stellen noch einmal zu wiederholen, und ebenso lange, um die vielen Fragen zu beantworten.

Schließlich feierte man uns. Rosanella für ihre Kühnheit und mich, weil ich der erste große Zauberer in Babenhausen (Süd) war, den sie seit Generationen gesehen hatten.

Das Fest dauerte die ganze Nacht und ich musste nicht nur mit Rosanella tanzen. So manche ungebundene Babin umwarb mich.

„Er gehört mir!", hörte ich Rosanella zu einer Konkurrentin sagen. Das stimmte mich glücklich und traurig zugleich. Wie konnten wir zusammenfinden?

Am nächsten Tag musste ich zurück. Hier im Dorf gab es auch keinen Empfang für mein Telefon und ich war länger geblieben als geplant. Ja, ich war überfällig. Wir waren fast zwei Wochen lang vermisst worden – wir mussten also mehr Tage und Nächte am Ort der Fahlen verbracht haben, als wir wussten.

Rosanella umarmte mich und drückte sich fest an mich.

„Musst du morgen wirklich gehen?"

„Ja, leider muss ich das. Ich bin ja schon viel zu lange hier und ich hatte mir nicht so lange freigenommen. Wir waren zu lange in den Gärten. Mein Arbeitgeber wird nicht so erfreut sein", berichtete ich.

Die Schöne blickte mich verwirrt an.

„Freigenommen? Was heißt das? Und was ist ein Arbeitgeber?"

„Normalerweise muss ich jeden Montag bis Freitag zur Arbeit. Aber ab und zu kann ich mir freinehmen, dann muss ich nicht arbeiten", erklärte ich und sah, dass die Babin mich so ungläubig anblickte, als erzählte ich ein Märchen. „Und ich arbeite für einen Arbeitgeber. Er sagt, was ich tun soll, und dafür gibt er mir Geld!"

„Das ist ja seltsam", entschied sie. „Und wegen ihm musst du wieder zurück?"

„Ja, und weil ich natürlich auch meinen Freunden alles berichten will, und meine Eltern vermissen mich sicher auch!"

„Und ... ist da auch ein Mädchen ... eine Freundin vielleicht?", erkundigte sie sich, griff dabei meine Hände und blickte mir tief in die Augen.

„Es gibt, glaube ich, schon eine Frau, die mich vermissen könnte, so etwas wie eine Freundin", gestand ich. „Eine Frau, die mir sehr wichtig ist, auch wenn wir keine Beziehung haben!"

„Oh!", sagte sie erstaunt und blickte traurig zu Boden.

„Aber die ist nicht dort, wohin ich morgen fahre, die ist hier, wo ich sie zurücklasse!"

„Oh!", sagte sie erstaunt und dann küsste sie mich.

Ein Gentleman genießt und schweigt, aber natürlich muss ich sagen, dass ich ein perfekter Gentleman war und die Situation nicht ausnutzte. Wissen Sie! Diesen Gesichtsausdruck mag ich bei meinen Lesern gar nicht. Habe ich Ihnen das schon einmal gesagt? Nun, Schwamm drüber. Nein, nicht über das Buch, das ist nicht wasserfest, egal ob in elektronischer oder gedruckter Form.

Als Rosanella und ich an diesem Tag das Haus verließen (nach einem letzten gemeinsamen Frühstück), dieses Mal trug ich wieder mehr als nur einen Lendenschurz, wurde ich vom ganzen Dorf empfangen. Sie wartete bereits vor der Hütte auf dem Dorfplatz und sie geleiteten mich bis zur Bahn. Sie hatten ihre Helme aufgesetzt, ihr Speere und Bögen mitgebracht und sie umringten mich dort.

„Vergiss uns nicht!" – „Schreib von uns!" – „Du kannst uns auch schreiben!" – „Komm bald wieder!" – „Sei vorsichtig da draußen!" – „Und schreib uns mal!" u.s.w., riefen sie und sie drückten mich reihum. Keiner wich von mir und als endlich die Bahn kam, riss der Zugführer entsetzt die Augen auf.

Ich musste gegen die Tür klopfen, dass er sie endlich öffnete.

Als ich einstieg, schloss er sie schnell wieder.

„Was ist das?", wollte der verängstigte Fahrer wissen, der aus seiner Kabine vorn kam, um zur anderen Seite zu wechseln.

„Das sind die Baben, die mich verabschieden!"

„Das ist ja verrückt!"

Er rannte zur anderen Seite und fuhr schnell los.

Die Baben winkten, wie auch ich ihnen winkte, bis sie nicht mehr zu sehen waren.

„Was für eine Reise", sagte ich zu mir und war ein wenig traurig, Rosanella und die anderen zu verlassen.

Spät am Abend schloss ich dir Tür hinter meinen Gästen.

Alle hatten meinen Reisebericht hören wollen und so musste ich so manche Frage beantworten und so manchen Teil meiner

Geschichte nicht nur einmal erzählen.

Ich hatte den Dolch der Fahlen mitgenommen, den anderen hatte Rosanella behalten. Und dann war da noch dieses kleine Päckchen, das sie mir mitgegeben hatten.

Als ich es öffnete, fand ich einen Lendenschurz und einen Zettel: *Vergiss mich nicht.*

Die zweite Reise

Es war eine dunkle und stürmische Nacht …

He, Moment mal, das stimmte ja überhaupt nicht! Und wie kam dieser Satz hier rein? Welcher Hund hat den hineingeschmuggelt? Ha! Nein, nein! Es war das absolute Gegenteil einer dunklen und stürmischen Nacht. Es war ein herrlicher und sonniger Frühlingstag. Der ideale Tag für eine zweite Reise nach Babenhausen (Süd)! Ja, gleich viel besser!

Ich hatte meinen Rucksack erneut gepackt und dieses Mal auf das ein oder andere Detail geachtet, das mir bei meiner ersten Reise entgangen war. Um ehrlich zu sein, hatte ich nicht viele Fotos geschossen und da Rosanella und einige weitere Dorfbewohner selber Fotokameras besaßen, ließ ich meine kurzerhand zu Hause. Dann war da noch das Handy, das partout keinen Empfang hatte und das ich auch nicht wirklich mit mir herumtragen wollte, nur im Lendenschurz, dennoch mochte es nützlich sein. Im Notfall konnte man etwas filmen oder es als Taschenlampe nutzen und so beschloss ich, es trotzdem wieder mitzunehmen. Was ich brauchte, war eine Decke und einen kleinen Rucksack, den man angenehm auch auf nackter Haut tragen konnte, und das am besten noch in Naturfarben. Beides hatte ich mir besorgt. Ohrenstöpsel waren ein guter Schutz, wenn der Bettnachbar schnarchte oder die Umgebung lauter war. Meine Trinkflasche passte in diese Tasche hinein, Seife und Handtuch, ein Block und ein Stift und ein Geschenk für Rosanella und eines für Fantarisina. Ach ja, dann waren da noch eine RGB-Taschenlampe mit Fernbedienung und der Kompass. Für meinen Dolch hatte ich mir eine Scheide machen lassen, die ich mir an den Schenkel binden konnte. Und weil das gar nicht teuer gewesen war, hatte ich gleich noch eine Zweite für Rosanella in Auftrag gegeben. Dann waren da drei Dosen mit ganz speziellem Inhalt. Ich war mir nicht sicher, ob sie zu etwas nutze sein würden – aber Vorsicht ist der Elefant, den man aus der Mücke macht – oder so ähnlich!

Als ich in die Bahn Linie 3 Richtung Babenhausen (Süd) einstieg, sah ich sie wieder.

„Hallo Frau Spinner! Darf ich mich neben Sie setzen?", fragte ich froh gelaunt.

Die Dame starrte mich perplex an.

„Ach Sie sind es. Ich dachte schon, ich würde Sie nicht wiedersehen. Sie können Susanne zu mir sagen. Susanne Spinner."

„Ich bin Ingo und ich schlage vor, wir duzen uns. Ich habe vor, noch einige Male diese Linie zu nehmen. Da ist es doch viel angenehmer, wenn man einander kennt!"

Sie reichte mir die Hand.

„Ingo, schön dich kennenzulernen", grinste sie. „Wie ist es dir denn ergangen in Babenhausen (Süd)?"

„Oh, ich befürchte, die Zeit wird nicht reichen, aber wenn du magst, lade ich dich zu einem Abend ein, an dem ich meinen Freunden von meiner zweiten Reise berichten werde, da komme ich bestimmt noch das ein oder andere Mal auf meine erste Reise zurück! Babenhausen (Süd) ist jedenfalls unglaublich, aber nicht ganz ungefährlich, wie ich leider sagen muss.

Aber die Baben (so nennt man die Einwohner von Babenhausen (Süd), ich hoffe, meine Klammersetzung bringt dich nicht durcheinander, Susanne (es ist gar nicht so einfach, die verschiedenen Klammern in der Sprache genau zu betonen (selbst die Baben haben damit ein manches Mal Probleme), aber vielleicht kannst du mir folgen)), sind äußerst nett und liebenswert."

„Und heute fährst du ein zweites Mal nach Babenhausen (Süd)?", fragte sie nach.

„Oh, ja! Heute ist der Tag!"

Andere Fahrgäste schienen das mitbekommen zu haben.

„Mama, Mama! Der Mann fährt nach Babenhausen", sagte ein kleiner Junge.

„Babenhausen (Süd)", korrigierte ihn seine Mutter tadelnd.

„Na, Sie müssen ganz schön mutig sein, junger Mann! Nicht viele sind je nach Babenhausen (Süd) gefahren und nur wenige kamen je zurück!" Der ältere Mann nickte anerkennend.

Susanne und einige andere fuhren dieses Mal bis zur Voltmannstraße mit, um mir zum Abschied zu winken. Und als die Bahn kam, die mich nach Babenhausen brachte, jubelten über fünfzig Leute und winkten mir nach.

„Was machst du hier?"

Ich erschrak, als Fantarisina plötzlich aus dem Wald sprang, denn sie hatte sich dieses Mal an einer anderen Stelle hinter einem der Bäume versteckt.

„Fantarisina! Erschreck' mich doch nicht so!"

„Du musst halt aufmerksamer sein", tat sie kund. „Wo warst du so lange?"

„Ich musste arbeiten und viele Dinge erledigen und meine erste Geschichte über euch schreiben!"

„Ich hoffe, da steht nichts von Fanni!"

Ich überlegte, ob ich mir den Spaß entgehen lassen könnte. Natürlich konnte ich nicht.

„Na, hätte ich dich aus der Geschichte auslassen sollen?"

„Nnnnneeeeeeinnnnnn!", schrie das Mädchen und stampfte wild auf, um dann auch nach mir zu schlagen.

„Na! Beruhige dich. Das war nur ein Spaß. Ich habe dich Fantarisina genannt!"

Sie blickte mich überrascht an.

„Nein! Meine Eltern haben mich Fantarisina genannt", erklärte sie mir ernst.

„Ich meine doch in meinem Buch!" Seufzend umarmte ich sie. „Schön dich zu sehen, Fantarisina!"

„Rosanella hat den ganzen Winter auf dich gewartet", berichtete sie, nicht, ohne den Vorwurf in ihrer Stimme deutlich zu machen.

„Na, dann solltest du mich aber ganz schnell zu ihr bringen!"

So schnell wie gedacht ging das freilich nicht. Schon am Waldrand wartete eine Gruppe von Kindern auf mich.

Orangina, eine der Freundinnen von Fantarisina, deren Name mich an irgendwas erinnerte, was mir partout nicht einfallen wollte, Gerberasina und Anemo waren drei Mädchen in Fantarisinas Alter, Wolger und Andruk zwei Jungen, wobei Andruk der älteste und größte von ihnen war.

„Zauberer!", riefen sie, als sie Fantarisina und mich um die

Ecke kommen sahen, und umzingelten uns. „Zeig uns einen Zaubertrick!"

„Also gut!" Ich zog meine Taschenlampe hervor. Es war eine Bluetooth-RGB-Stablampe, deren Farbe man mit Hilfe von einer kleinen Fernbedienung umstellen konnte. Diese verbarg ich in meiner Hosentasche. „Ihr wisst, was eine Taschenlampe ist?"

Die Kinder schüttelten den Kopf bis auf Andruk.

„Mein großer Bruder hat mir mal eine solche Lampe gezeigt", offenbarte er mit geschwellter Brust.

„Weißt du auch, wie sie funktioniert?"

„Natürlich! Hier ist ein Knopf, mit dem man sie ein und ausschalten kann!"

Stolz drückte er den Knopf, als ich ihm zunickte.

„So und halt sie gut fest und ihr anderen blickt nicht direkt in das Licht. Ziel mal hier auf meinen Rucksack." Ich stellte ihn vor Andruks Füße.

„Ist das der Zaubertrick?", Orangina starrte ungeduldig, von einem Fuß auf den anderen hüpfend, auf den Lichtkegel.

„Nein! Der kommt jetzt", grinste ich und hielt meine Hand über meinen Rucksack. „Nomen est omen", sprach ich und drückte dabei einen Schalter, der in meiner Tasche verborgenen Fernbedienung.

Die Kinder hielten gebannt den Atem an und bekamen große Augen, als das Licht sich rot verfärbte.

Grölend und schreiend begleiteten sie mich ins Dorf und verkündeten jedem, der es hören wollte oder auch nicht, dass ich für sie gezaubert hatte. Dorfbewohner stürmten hinaus auf die Straße und umringten mich. Ich musste Arme greifen und schütteln und bekam auch so manche Umarmung.

Etwas entfernt sah ich Rosanella stehen, die geduldig mit einem Lächeln wartete. Ich glaubte, echte Freude in ihrem Blick zu erkennen.

Erst als die anderen langsam von mir abließen, kam sie näher.

„So, jetzt lasst unserem Gast mal etwas Luft und geht wieder an eure Arbeit!", befahl sie lauthals. „Und du kommst mit mir!" Sie zog mich mit sich, schubste mich in ihr Haus und als sie die Tür geschlossen hatte, umarmte sie mich, blickte mir in die Augen. „Ich habe auf dich gewartet", flüsterte sie.

„Und ich habe gehofft, dass du auf mich wartest", antwortete ich.

Leidenschaftlich drückte sie ihre Lippen auf meine, küsste mich erst sanft, dann stürmischer und schließlich so wild, wie die Baben ohnehin schon waren. Sie schob mich immer weiter bis auf ihr Bett.

„Willst du mir zusehen?", grinste ich frech.

„Ja, das will ich!"

Ich zog mich also aus und legte den Lendenschurz an, wählte die orangefarbenen Bänder für meine Arme und hielt inne.

„Wenn man mit einer Frau in einer Beziehung ist, welche Farbe trägt man dann noch mal an den Schenkeln? Rot?"

Sie lachte. „Ja! Rot! Muss ich meine auch wechseln?"

„Du musst natürlich nicht!"

Sie schubste mich rücklings auf ihr Bett. „Und wenn ich will?"

„Dann musst du natürlich!", lachte ich. „Ich habe übrigens etwas für dich! Ich weiß nicht, ob du so etwas schon hast, aber ich dachte, falls nicht ..." Ich überreichte ihr das kleine Päckchen, das zwei kleinere Päckchen mit Geschenken enthielt.

Sie öffnete erst das eine (womit ich fast gerechnet hatte) und packte eine Kurbeltaschenlampe aus.

„Ist das eine Taschenlampe?"

„Das ist eine Taschenlampe!"

„Dann muss ich sehen, dass ich dafür Strom bekomme. Wir haben hier nur ganz wenig", erinnerte sie mich.

„Ja, und deshalb musst du nur an der Kurbel drehen, um sie aufzuladen!" Ich klappte die Kurbel auf und drehte ein paar Mal daran. „120 Umdrehungen für etwas 30 Minuten Licht! Und hier eine neue Scheide für deinen Dolch."

„Wow!", staunte meine neue Freundin. „Dankeschön! Und was ist im anderen Päckchen?"

„Etwas, das du bereits hast, ich weiß es, aber nicht genau so!"

„Seife? Oh, wie die duftet!"

„Das ist Lemongras", klärte ich sie auf.

„Na, dann darf ich ja jetzt schmutzig sein!" Sie zwinkerte mir zu und streichelte meine Arme.

Wieder küssten wir uns liebevoll und leidenschaftlich.

Ich strich ihr über ihre Wange. Ihr Gesicht war schlank und schön. Sie hatte eine schöne, schlanke Nase und einen noch schlankeren Hals. Ihre blauen Augen leuchteten keck und ihre Lippen waren zwar schmal, aber schön geschwungen. Die Haare waren blond und man konnte keinen Ansatz sehen, aber ich wusste, dass sie naturblond war; lockigwellig fielen ihr die Haare über ihre Schultern und waren wie eine Löwenmähne.

Ich strich ihre Haare fort und legte ihre kleinen hübschen Ohren frei, um sie zu küssen.

Rosanella schnurrte wohlig, auch als ich über ihre Wange hinab zu ihrem Hals küsste. Die Wangenknochen waren wohlgeformt und gut sichtbar, dass ihr Gesicht so grazil war und ihr Kinn süß.

Die Dorflauteste hatte die Figur einer Sportlerin. Ihre Brüste waren fest, nicht sonderlich groß. Sie hatte eine extrem schlanke Taille und einen sehr flachen Bauch, bei dem man die Muskeln deutlich fühlen und im Ansatz sogar sehen konnte, wenn man nah genug war und ihn zum Beispiel – wie ich in diesem Moment – küsste. Ihre Beckenknochen standen hervor, denn sie war wirklich rank. Beine und Arme waren muskulös, aber keineswegs übertrieben, und ihre Füße gleichmäßig und die Zehen gerade.

Vermutlich würde niemand auf der Welt mir widersprechen, wenn ich sagte, dass sie eine sehr schöne Frau war. Doch ihr freches, jugendliches Lächeln und ihre kecke Art waren trotz ihres guten Aussehens ihre herausstechensten Merkmale.

Meine Lippen wanderten weiter hinab, vom Bauch über die Hüften, die sportlichen Beine nach unten bis zu ihren Zehen. Ich hörte ihr wohliges Atmen deutlich und ein Blick in ihr schönes Gesicht offenbarte, wie sehr sie die Liebkosungen genoss. An dem anderen Bein küsste ich wieder aufwärts bis ich ihr in die Augen sehen konnte und wir uns eng gegeneinander drückten.

„Ich habe dich vermisst."

Als wir reichlich später Rosanellas Haus verließen, war es bereits um die Mittagsstunde. Der Tag war warm, so warm, dass wir die Sonne mieden und direkt zu Ba, dem Babier gingen.

„Na, ihr zwei? Möchtet ihr ein leckeres Bier oder einen Haarschnitt! Heute gibt es einen zum Bier dazu", meinte er lachend und wischte die Theke kreisend.

„Ba, den gibt es doch immer zum Bier dazu", frischte eine Babin am Tisch sein Gedächtnis auf.

„Ich nehme ein Bier!", bestellte sie.

„Ich nicht! Ich trinke kein Bier", verkündete ich und erntete damit seltsame Blicke.

„Ja, ja, das stimmt." Ba ignorierte meinen Einwand, antwortete der Babin und machte sich daran, ihr ein Bier zu zapfen. „Aber ich hatte heute noch nicht einen Kunden!"

Ich blickte mich um. Bestimmt hatten mich über hundert Baben begrüßt, aber gerade sah ich kaum jemanden auf dem Dorfplatz. Selbst in Tjonkens Schmiede schien kein Feuer geschürt worden zu sein.

„Wo sind eigentlich alle?"

„Heute ist zum einen Jagd, weil wir Fleisch brauchen, zum anderen haben wir Späher ausgesandt. Die Fahlen haben ihr Dorf verlassen. Die Lippinger und sogar die Trollander sind auf der Flucht! Wir halten nach ihnen Ausschau!"

„Am helllichten Tag?", wunderte ich mich. „Ich dachte, die kommen nur bei Nacht hervor!"

„Ja, normalerweise schon, aber sie haben die Kriegsbanner

gehisst und sich die Gesichter bemalt. Seitdem sichten wir sie immer wieder – sogar am Tag!" Rosanella nahm einen Schluck des Bieres, das Ba vor sie gestellt hatte.

„Wie oft ziehen die Fahlen denn in den Krieg?", wollte ich wissen.

Rosanella zuckte mit den Schultern.

„Es gibt eine alte Erzählung darüber, dass die Fahlen auf Kriegsfuß waren, aber von uns hat das noch keiner erlebt!"

„Wenn die Fahlen sich mit Kriegsfarben bemalen und nicht im Dorf verweilen, sondern hinauseilen, sollte sie vielleicht jemand fragen, was sie haben!", reimte ich mehr schlecht als recht.

Moment. Nein, ich reimte es toll! Tst! Als Leser sollten Sie etwas mehr Bewunderung aufbringen für die Gedichte in der Geschichte!

„Toller Reim!", bestätigten Ba und Rosanella. (Sehen Sie? Ich sagte es doch: Toller Reim!)

Rosanella knallte den Bierkrug auf die Theke.

„Das wäre meine Aufgabe!"

„Das wäre sie", bestätigte Ba.

Rosanella blickte mich unglücklich an. „Ich will nur überhaupt nicht zu den Fahlen. Lieber würde ich mich von den Trollandern gefangennehmen und auspeitschen lassen!"

„Und wenn ich mitkomme?"

Die hübsche Babin nickte.

„Das wäre beinahe so gut, wie dort gar nicht hinzugehen", gab sie euphorisch zu. Die Begeisterung, sich zu den Fahlen zu begeben, strahlte aus ihren Augen.

„Gut! Dann gehen wir zusammen!"

„Toll!", schwärmte sie.

„Ich weiß! Das ist schon toll", pflichtete ich bei.

„Das war ironisch!" Sie blickte mich an, doch ich musste einfach weitergrinsen. Sie und ich würden uns zu den Fahlen begeben und herausfinden, wieso sie ihr Dorf verlassen hatten! Konnte es etwas Besseres geben? Seufzend nickte sie schließlich.

„Ganz toll!"

„Sag ich doch!"

Wiehernd und keckernd rannte ich zu Rosanellas Hütte und zog die Babin mit mir.

„Ich weiß gar nicht, worüber du dich so freust. Was hast du denn auf einmal?"

„Du und ich, wir beide, wir ziehen ins Abenteuer und werden die Welt retten", freute ich mir einen Keks. „Wir brauchen Kaffee!"

„Kaffee?"

Ich hielt den Keks hoch. „Kaffee und Kekse ist suuuuper! Wir gehen zu den Fahlen und retten die Welt! Ach, was sag ich da, die Welt? Sogar ganz Babenhausen (Süd)! Und vielleicht sogar die Lippinger und die Trollander und ... und ..."

„Babenhausen [Nord]?", schlug sie vor.

Ich strahlte sie an.

„Jahahaaaa! Die auch! Wir brauchen Kaffee. Ich hab' mittlerweile ein ganzes Dutzend Kekse. Und sobald wir die gegessen haben, ziehen wir ins Abenteuer!"

Kaffee schlürfend und Kekse einstippend hielten wir Kriegsrat. Fantarisina saß neben uns. Aus irgendeinem Grund war sie auf einmal da, als es die Kekse gab, und ich musste jetzt wohl oder übel mit beiden teilen – das freute mich weniger und so blieb es bei dem Dutzend Kekse und ich freute mir keine weiteren hinzu.

„Ich habe übrigens noch ein Geschenk für dich!", sagte ich und hüpfte ins Schlafzimmer zu meinem Rucksack und brachte Fantarisina das kleine Geschenk.

Sie packte es aus und starrte die kleine Figur an.

„Was ist das?"

„Das ist eine Puppe zum Spielen. Ein kleiner Troll", grinste ich.

„Ich hatte noch nie einen Troll zum Spielen. Sind die wie die Trollander?"

„Nein, nein! Ganz anders. Lieb und hilfsbereit", erzählte ich ihr und biss von dem eingeweichten Keks ab.

Krümelnd wandte ich mich an Rosanella.

„Wo finden wir denn die Fahlen?"

„Zuletzt wurden sie gesichtet, als sie in Richtung des Hexenbergs zogen", berichtete sie.

„Ein Hexenberg? Das klingt spannend!"

„Ja, aber wir brauchen ein Pferd. Oder zwei. Der große Jock hat welche, vielleicht kann er uns eines leihen?"

Der große Jock besaß wirklich Pferde und tatsächlich konnte er uns eines leihen. Aber nur eines.

„Die anderen haben ich den Spähern gegeben. Und wärst du nicht die Dorflauteste (und hättest du mich nicht so laut angeschrien, dass ich euch ein Pferd rausrücken soll), hätte ich euch keines gegeben. Ich brauche die Pferde ja eigentlich auch selber!"

„Na, besser als keines", musste ich zugeben. Wohl oder übel. „Wie heißt es?" Ich betrachtete das schwarze Pferd. „Ein hübscher schwarzer Rappe", moppelte ich doppelt.

„Er heißt Hades und er ist ein Schimmel und kein Rappe", widersprach der große Jock.

„Aber ... Schimmel sind doch weiß!" Ich sah zu Jock, dann zu Rosanella, dann zu Hades und dann auf den Boden, weil ich mir gerade den Hals etwas verdreht hatte.

„Das stimmt, aber ich habe ihn angemalt", erklärte Jock. „Ruben hat mir die Farbe aus eurer Welt mitgebracht. Sie ist extra für Schimmel gedacht!"

„Farbe für Schimmel?" Mir schwante Übles. „Sag nicht, das war Schimmelschutzfarbe!"

„Gut, dann sage ich es nicht!"

„Uaahhhhh!", stöhnte ich. „Schimmelschutzfarbe ist für Wände – nicht für Pferde!"

„Nein, ... das glaube ich nicht!" Jock schüttelte heftig den Kopf. Seine mittelblonde Lockenpracht wogte dabei hin und her. „Der *große* Jock schüttelte heftig den Kopf", verbesserte er mich. „Hier, ich habe noch welche da!" Er holte einen Eimer hervor, drückte ihn mir in die Hand.

Ein großes weißes Pferd war darauf abgebildet. „Schimmelschutzfarbe", las ich. „Schützen Sie ihre Schimmel vor Schmutz und Flecken, damit das Fell immer strahlend bleibt. In den Farben Weiß, Grau, Schwarz und nun auch in Blau erhältlich!" Ich musste den Text gleich noch einmal lesen, denn so ganz konnte ich das nicht glauben. Aber es war die Wahrheit. Ehrlich!

„Also gut. Wir nehmen Hades, den schwarzen Schimmel!"

Rosanella grinste mich an.

Jock, ähm, ich meine, der große Jock grinste mich an.

Hades grinste mich an.

„Ihr könntet noch einen Esel nehmen", schlug der große Jock vor. „Er ist etwas störrisch!" Er führte uns zu einem Esel, der nur wenige Meter weiter stand.

„Wie heißt er?"

„Ich habe ihn Ingo genannt. Ein typischer Name für Esel!"

„Wie schön", gestand ich und hatte so gar keine Lust mehr auf den Esel.

„Ein Esel – ich meine – ein Ingo reicht mir", grinste Rosanella noch breiter.

Lustig, lustig! Ich grummelte etwas vor mich hin.

„Oh, sieh mal, er ist auch etwas störrisch!" Der große Jock deutete auf mich.

Rosanella saß hinter mir auf Hades, unserem Schimmel, und hielt die Zügel und mich fest. Ihren Speer hatte sie vor mir quer über das angestrichene Tier gelegt, der Dolch der Fahlen steckte bei ihr ebenfalls in der Beinscheide. Ich hatte, seitdem ich sechs oder sieben war, nicht mehr auf einem Pferd gesessen. Und damals war es ein Reittier gewesen, das jemand an der Leine führte. In einem Kreis.

„Ich fand Ingo sehr süß", säuselte sie mir ins Ohr.

„Ich hoffe, du meinst mich!", grummelte ich noch immer etwas verletzt.

„Du bist auch süß. Du bist mein Esel!", grinste sie und drückte mir einen Kuss auf die Schulter.

„Moah! Ich finde das gar nicht soooo lustig", gestand ich. „Und außerdem hasse ich es auf dem Rücken von Hades. Ich komme mir wie ein Kleinkind vor, das man auf ein Pferd gesetzt hat und jetzt auch noch festhält."

„Willst du die Leine übernehmen und ich klammere mich an dich, mein starker Held!?"

„Starker Held gefällt mir schon besser. Und ich will auf keinen Fall die Leine nehmen. Ich bin noch nie ein Pferd geritten und das letzte Mal, als ich als Kind auf einem Pferd saß, hatte es immerhin einen Sattel und nicht nur eine Decke! Und ich glaube, ich rutsche gerade und falle herunter", stellte ich etwas unbehaglich fest.

„Du wirst nicht fallen", behauptete Rosanella und irrte sich damit gewaltig.

Für den Moment fiel ich aber tatsächlich nicht, versuchte mich irgendwie festzuklammern und hoffte, dass Rosanella auf mich achtgab.

Wir trabten durch den Wald und beschleunigten, als wir die Wiesen erreichten. Dort, am anderen Ende der Wiesenlandschaft, wo es hinauf in die Berge ging, fanden wir einen frisch errichteten hölzernen Wachturm, auf dem zwei Baben nach Feinden Ausschau hielten.

„Wer da?"

„Ich bin es, Rosella, die Dorflauteste. Und bei mir ist Ingo, der Zauberer!"

„Einen hübschen Schimmel reitet ihr. Mir gefällt das Schwarz!", rief die andere Wache.

Kurz überlegte ich, ob ich vielleicht überhaupt nicht bei den Baben war, sondern irgendwo in einem Irrenhaus gelandet bin. *Wie kann man ein schwarzes Pferd als Schimmel bezeichnen – oder erkennen?*, fragte ich mich.

„Habt ihr Nachricht über den Aufenthaltsort der Fahlen?"

„Ja, Dorflauteste! Sie sind bereits auf dem Hexenberg!"

Der Hexenberg war ein ziemlich hoher Berg, die Spitze war von Wolken umgeben. Und er war ein verdammt weit entfernter Berg, wie ich feststelle, als wir die Anhöhe erreichten, auf der ein Wachturm in der Form eines Jagdsitzes erbaut worden war.

„Der sieht nicht sonderlich nah aus", meinte ich zu Rosanella, als sie mir gezeigt hatte, wo unser Ziel zu sehen war.

„Zwei Tagesreisen noch", erklärte sie mir.

„Werden wir hier schlafen?"

„Nein, wir müssen noch etwas weiter. Nordöstlich von hier ist das Dorf der Badenbaben", zeigte sie mit der Hand das Tal entlang.

Wir änderten unseren Kurs leicht, ritten ins Tal, dort kamen wir an einen Fluss, dem *Babenbach,* wie Rosanella ihn nannte, und folgten ihm aufwärts. Auf der anderen Seite erblickten wir eine große Urherde, die bis an den Bach herankam, um dort zu trinken. Ich schätzte, dass es wenigstens zweihundert Tiere sein mussten. Schlängelnd zog der Bach sich durch das Tal. Sein Lauf wurde steiler und der Weg wurde schwieriger, denn immer wieder musste Hades den einen oder anderen kleinen Hang hinaufsteigen.

Es wurde langsam dunkel, als wir eine größere Anhöhe vor uns hatten.

„Gut festhalten!", rief Rosanella und trieb Hades an.

„Das habe ich ..." *vor,* wollte ich noch ergänzen, doch dann machte Hades einen Satz und ich rutschte. Rosanella griff nach mir, doch ich war zu schwer für sie, und anstatt, dass sie mich hielt, zog ich sie mit mir.

Der Schlag war heftig. Mitten im Sprung hatte ich den Halt verloren und war abgerutscht. Ich hatte versucht, mich abzufangen, doch dann landete die Babin auf meinem Rücken und drückte mir die Luft aus dem Brustkorb. Zum Glück war sie nicht schwer, aber so unvorbereitet reichte es, um mir die Sinne zu rauben, anstatt mich einfach in Tränen ausbrechen zu lassen.

„Verdammt", stöhnte sie, drehte sich von mir herunter. „Alles gut bei dir?"

Keuchen war das Einzige, was ich einen Moment lang konnte. Dann nickte ich.

„Super!", ächzte ich und sackte wieder zusammen. Während sie sich aufrappelte, beschloss ich, noch einen Moment liegen zu bleiben. Dann krabbelte ich auf allen vieren und zog mich langsam an einem Baumstamm hoch. „Ich sagte doch, dass ich nicht reiten kann", fluchte ich.

„Wir haben Glück. Das Dorf der Badenbaben ist gleich auf dem Hügel, keine zweihundert Meter von hier!"

Ich konnte meine Begeisterung kaum zügeln und stöhnte ein „Toooolllll!" hinaus.

Fast ohne zu jammern schleppte ich mich den Berg hinauf!

„Ingo?"

„Ja?"

„Das ist kein Berg, das ist nur ein Hügelchen", korrigierte sie mich. „Nicht, dass du noch schreibst, du wärst schwer verletzt auf einen Berg gestiegen!"

„Ich glaube, ich bekomme einen blauen Fleck", deutete ich auf meine Seite.

„Das ist nur Dreck", meinte sie.

„Das ist nur Dreck!", äffte ich sie nach und schleppte mich weiter den steilen Hang hinauf.

Sie prustete vor Lachen los.

„Steiler Hang, blauer Fleck!" Mit einem Kopfschütteln ließ sie mich zurück und spurtete nach oben.

Schließlich, nach allerlei Mühsal, kam ich oben an, wo die blonde Babin bereits auf Hades Rücken sitzend auf mich wartete.

„Komm!", sie reichte mir die Hand, doch ich schüttelte den Kopf.

„Egal, wie viele Strapazen es noch sind, ich werde zu Fuß gehen!"

„Du Held", schwärmte sie und nickte mit dem Kopf schräg hinter sich. „Dort ist das Dorf: Babenbaden am See!"

Etwa fünf Minuten später erreichte ich die erste Hütte. Hier gab es einen Weg, auf dessen rechter Seite mehrere Häuser standen, gegenüber lag der See, von dem der Babenbach abfloss und schon bald über einen kleinen Wasserfall nach unten fiel. Auch links waren Gebäude auf Stelzen im Gewässer erbaut.

Als wir das Dorf betraten, Rosanella auf dem Pferd und ich per pedes, eilten sofort die Badenbaben aus ihren Häusern und nahmen uns in Empfang.

Der Dorflauteste der Badenbaben stürmte uns entgegen. Ich erkannte ihn an den Bändern, die auch Rosanella trug. Die violettfarbenen Bänder ergänzten die Bänder in seiner Berufsfarbe, die ebenso rot, wie bei meiner hübschen Babin leuchteten.

„Rosanella, Dorflauteste der Südbaben, sei mir willkommen! Und mit dir dein Gast!" Der Mann musterte mich. „Ein Zauberer?"

Rosanella sprang vom Pferd.

„Sei gegrüßt, Eichenhart der Starke!"

Eichenhart reichte ihr den Arm und sie schüttelten einander die Unterarme.

„Was hat das mit dem Zauberer auf sich?"

„Es ist ein Zauberer der modernen Menschen", erklärte sie.

„Ein Fale!"

„Ein Fahle!? Ah … ein Fale. Im ersten Augenblick bemerkte ich nicht, dass du das h nicht gesprochen hast!" Wieder musterte mich Eichenhart und ich grinste ihm breit zu „Ich bin Ingo!"

„Ingo? Was für ein merkwürdiger Name! Wir haben einen Esel, der so heißt!"

Rosanella lachte. „Wir auch!"

Die Nordbaben, die Südbaben und die Baben, die wir dazwischen haben

„Das ist übrigens Orangella", stellte mir Rosanella eine andere Babin vor, als wir zu unseren Plätzen gingen. „Orangella kommt auch aus Babenhausen (Süd)! Und das ist Ingo!"

„Hallo Orangella! Mann, ihr beide seht euch aber sehr ähnlich. Wenn du nicht dunkle Haare hättest, hätte ich euch glatt für Zwillinge gehalten!"

„Ja, das hören wir oft, nicht wahr Rosanella?", lachte Orangella.

„Ihre Haare sind gefärbt!", flüsterte mir Rosanella ins Ohr.

„Und du bist eine Petze", maulte Orangella.

Die Dorflauteste zog mich weiter, und wir nahmen dort Platz, wo man uns hinsetzte. Der Dorflauteste begrüßte mich noch einmal und ich dankte ihm, dass man uns zum Essen eingeladen hatte.

„Wieso heißt ihr Badenbaben?" Ich saß an der langen Tafel fast am Kopfende, dort, wo der Dorflauteste thronte.

„Wir leben am Babensee", erklärte Eichenhart. „Im Grunde genommen sind wir auch Südbaben, nur nicht ganz so südlich wie Babenhausen (Süd) und unser Dorf heißt Babenbaden am See."

Ich nickte. „Also seid ihr gar nicht der dritte Babenstamm?"

„Das ist richtig. Nördlich von hier liegt das Land der Mittelbaben. Sie haben die größte aller Babensiedlungen *Babenhausen <Mitte>*", berichtete er mir, womit ich an Fantarisina denken musste, die mir schon von der Sprechweise des Ortes *Babenhausen <Mitte>* erzählt hatte: Kursiv gesprochen und Mitte auch eckig betont. Das war gar nicht so einfach auszusprechen.

„Ja, viele haben damit Probleme!"

„Womit?"

„Mit den spitzen Klammern um *Mitte* herum – ich weiß, für Außenstehende ist schon die kursive Aussprache schwierig genug", erklärte mir Eichenhart. *Müssen die immer alle in meinen Texten lesen, die bislang nicht einmal fertig geschrieben sind?*, dachte ich und erntete reichlich Nicken. „Über uns wurde bislang noch nie geschrieben. Jetzt, wo es einen Chronisten gibt, der über uns berichtet, sind wir begierig auf jedes Wort!"

Deine Kommentare sind halt sehr interessant, dachte Rosanella und lächelte mich an.

Also gut, dann denke ich das nur für dich: Du bist süß!

Grinsend blickte ich zu meiner Babenfreundin, die mir gegenüber saß und vor der ein großer Teller mit zu einem Berg aufgehäuften Rippchen stand, und vernahm das beleidigte Murmeln der anderen.

„Jetzt denkt er auch nur noch für Rosanella." „Trollanderei! Wir wollen das auch wissen!", und so ähnlich sagten sie.

„Bestimmt hat er etwas Versautes gedacht!", vermutete eine ältere Babin und musterte mich ein wenig abschätzig.

Ich suchte nach der Fleischplatte mit Nachschub, die viel zu schnell an mir vorbeigewandert war. *Wie in aller Welt haben die anderen ihre Teller so vollschaufeln können?*, fragte ich mich.

„Ähm, könnte mir jemand das Fleisch reichen?"

„Ähm! Der junge Fale will etwas von dir!", rief einer der älteren

Baben, der zwei Plätze weiter auf der anderen Seite der Tafel saß.
Die hübsche Rosanella nagte einen Knochen ab und warf ihn hinter sich und traf einen der Diener am Kopf, der daraufhin zurücktorkelte und stolperte. Die Karaffe Wein, die er getragen hatte, ergoss sich über eine Babin, die vor Schreck aufsprang.

Ähm drehte sich zu mir: „Worum geht es denn?"

„Die Fleischplatte?", rief ich zaghaft und sah die Babin rücklings gegen ihren Platznachbarn knallen, der mit dem Kopf auf seinen Teller schlug. Eine Keule wurde hochgeschleudert und sein Gegenüber wich aus, sprang auf und rammte somit unter den Arm eines anderen Dieners, der die Fleischplatte trug. Sie wurde hoch- und von ihm fortgeschleudert, traf meinen Tischnachbarn am Kopf, der daraufhin zusammensackte, und landete auf meinem leeren Teller.

„Oh, danke!"

Ich überlegte, ob ich gleich die ganze Platte nehmen sollte, wählte dann aber genügsam ein Dutzend Rippchen, eine kleine Schweinshaxe, eine große Schweinshaxe, einen Hasenlauf, etwas vom Rebhuhn (ich verzichtete auf Hals und Kopf), eine Winzigkeit vom wilden Eber, ein saftiges Steak, noch ein saftiges Steak und ein Würstchen. Den Rest schob ich von mir und ließ die Welt um mich herum in Chaos versinken, während ich genüsslich meine knapp bemessene Portion verspeiste.

Nach dem Essen, der Tisch war ohnehin halb abgeräumt und mein Tischnachbar k. o. *(wenn man nichts verträgt, darf man eben nicht so viel trinken)*, wurde die Tafel zur Seite geschoben und der Tanz begann.

„Die Polen brachten uns einst die Polonaise", erklärte mir die eine junge Babin, die plötzlich hinter mir aufgetaucht war, und zog mich mit sich, ob ich wollte oder nicht.

Ich wollte. Wir drehten ein paar Runden zu fescher Tanzmusik und verließen dann die Dorfhalle.

„Auf zum Badehaus!", schrie der Dorflauteste.

„Auf zum Badehaus!", riefen alle anderen bis auf die junge Babin, die noch immer meine Schulter gepackt hatte.

Die lachte und schrie „Auf zum Badehaus" fast in etwa, doch im Grunde ziemlich genau, zeitgleich, ohne die geringste Abweichung, ließ aber das Ausrufezeichen aus, stattdessen drückte sie sich an mich.

Auch sie war hübsch anzusehen, etwa in Rosanellas Alter und wie fast alle Baben blond und blauäugig. Bewusst schrieb ich von ihrem hübschen Aussehen aber erst später und dachte auch überhaupt nicht daran, damit niemand seine dummen Sprüche reißen konnte.

„Woran dachtest du nicht?", rief sie, doch ich lächelte nur.

Wir tanzten auf zum Badehaus, rissen uns die Kleidung vom Leib und sprangen in das kühle Hauptbecken oder eines der wärmeren Nebenbecken. Das heißt wir wollten. Ich rannte los, sprang ab, doch Rosanella hatte mich noch in der Luft gepackt, zog mich zurück, dass ich in einem Kreis um sie herumwirbelte und vor ihr wieder auf den Füßen aufkam.

„Wir gehen woanders hin", grinste sie und zog mich so schnell mit sich, dass ich erneut den Boden unter den Füßen verlor und hinter ihr hergezogen wurde wie ein Luftballon, mit dem man schnell über eine Wiese rennt. So zog sie mich ins Dampfbad, wo heiße Luft drohte, mich noch weiter nach oben zu ziehen. Ich drückte mich also erst einmal dem Boden entgegen. Der wehrte sich ein wenig, doch dann stand ich vor Rosanella, die ihrerseits schon Platz genommen hatte und mich frech angriente.

„Was?", fragte ich, als ich neben ihr Platz nahm.

„Gefällt dir Kastania?"

Sie sah mich mit ihren blauen Augen durchdringend an.

„Wer ist Kastania?", überlegte ich laut.

„Die Kleine vom Tanz. Du weißt schon, die Hübsche, die dich bei der Polonaise schnappte!"

„Ich wusste nicht, wie sie heißt. Kennst du alle Baben?"

„Natürlich nicht, ich hab' mich nach ihr erkundigt!", klärte sie mich auf. „Und du lenkst gerade vom Thema ab", stellte sie fest. „Also: Sag schon!"

Ich starrte sie wohl einen Augenblick an und wunderte mich, wie sie auf diese Frage kam. Es war doch überhaupt nichts geschehen und ich wüsste nicht, dass ich mit einer Verhaltensweise der Baben gebrochen hätte.

„Wie kommst du darauf?"

Sie zuckte mit den Schultern. „Nur so eine Frage!"

„Du gefällst mir besser Rosanella!"

Grinsend stupste sie mich an. „Das hoffe ich doch! Aber das habe ich nicht gefragt und du weichst mir die ganze Zeit aus. Gefällt dir Kastania?"

„Ich habe mir darüber überhaupt keine Gedanken gemacht", gab ich zu. „Sie ist nicht gerade hässlich und war nett eben, aber mehr kann ich dazu nicht sagen." Ich nahm ihr Stirnrunzeln wahr. „Und jetzt sag mir bitte, wie du zu dieser Frage kommst!"

„Ich wollte nur wissen, ob sie dich als Geliebte interessiert!"

Schockiert spuckte ich den heißen Kaffee prustend aus, dass er als feiner Nebel in den Raum versprüht wurde. Also, jedenfalls hätte das in dieser Situation gut gepasst, nur gab es keinen Kaffee, und so schnappte ich ersatzweise einfach ein paarmal gut hörbar nach Luft.

„Waaaaaaaaaaaaaaaaaaasssssss?", fragte ich verdammt selbstsicher auftretend und die Lage voll im Griff habend. Gut. Vielleicht nicht völlig.

„Naja, hätte ja sein können, dass du hier eine weitere Freundin haben willst!", sagte sie, als spräche sie von einem zweiten Stück Kuchen, das sie mir anbot.

„Bist du verrückt geworden?" Ich fühlte ihr die Stirn. „Ganz heiß! Du schwitzt ja!"

„Ja, und du schwitzt auch! Wir sind ja hier im Dampfbad!"

Gut, so gesehen war es dann nicht ganz so erstaunlich.

„Wir Baben dürfen in jedem Dorf einen Freund oder eine Freundin haben – oder einen Ehepartner. Ehe für alle, du weißt schon!"

„Du meinst, ihr könnt mehrere Partner haben? Ganz offiziell?" Ich war verwirrt. „Also, das gibt es bei uns nicht", stellte ich fest. „Und wieso?"

„Na, wir leben gefährlich. Wenn man mehrere Partner hat und einer stirbt, ist man im Alter doch abgesichert! Gerade für

Dorflauteste, Jäger und Krieger ist das wichtig!"

„Hast du ...", begann ich, doch ich wurde von ihr lachend kopfschüttelnderweise unterbrochen.

„Nein, ich habe keinen!" Sie zögerte, dann sah sie mich an. „Dich habe ich, oder?"

„Ja, mich hast du!", musste ich gestehen.

„Ich dachte nur, vielleicht würde sie dir gefallen", lenkte sie das Gespräch zurück. Als sie meine Verwirrung sah, fuhr sie fort: „Ich glaube, du gefällst ihr sehr gut." Sie grinse mich frech an. „Naja, kein Wunder: Sie hat ja auch nichts von deinem Jammern mitbekommen! Immerhin hat sie nach dir fragen lassen! Ich glaube, sie ist etwas schüchtern!"

„Schüchtern?" Ich bezweifelte das. So wie sich mich gegriffen hatte und sich an mich gedrückt hatte, war von Schüchternheit keine Spur.

„Wenn du schreibst, dass sie hierher kommt, vielleicht wird sie es dann lesen und entscheiden, wirklich zu kommen?"

Die Tür zum Dampfbad öffnete sich und die blonde Frau von der Polonaise trat ein. Sie schien überhaupt nicht schüchtern. Sie stand dort ganz laissez faire in ihrer Nacktheit und lächelte.

„Hallo Rosanella, hallo Zauberer", grüßte sie uns.

Rosanella drehte sich zu mir. „Das ging schnell!"

„Ich habe damit überhaupt in keinster Weise niemals nichts zu tun!", beharrte ich steif und fest und ziemlich ernsthaft. „Und geschrieben habe ich darüber auch nicht!"

„Doch, genau in diesem Moment komme ich in deinem Buch

durch die Tür", behauptete Kastania. Und wenn ich die just getippten Textzeilen lesen, hat sie damit sogar recht.

Da fragt man sich doch: *Was war zuerst da? Die Henne oder das Ei?*

„Das Ei!", antworteten beide wie aus zwei hübschen Mündern.

Kastania schloss die Tür und nahm neben uns Platz und drehte ihren Kopf zu Rosanella (die auf meiner anderen Seite saß) und mir. Ich musterte sie kurz. Sie war wirklich hübsch, blond, wenn auch etwas dunkler als Rosanella, dafür mit ebenso wallenden Haaren und blauen Augen. Sie war nicht ganz so drahtig, aber auch schlank. An den Beinen trug sie grüne Bänder und an den Armen hellblaue.

Mein Erstaunen und meine Neugier waren noch immer so groß, dass ich mich wieder meiner Freundin zuwandte.

„Ihr habt Beziehungen mit mehreren? Und das funktioniert?"

„Ja, Ehe für alle", warf Kastania ein.

„Ehe für alle?", fragte ich verwirrt. „Heißt das, ihr habt mehrere Ehepartner? Also einen hier, einen in Babenhausen (Süd) und einen sonst wo?"

„Das muss nicht zwangsweise so sein, aber natürlich dürfen wir", erklärte mir Rosanella. „Gibt es das bei euch nicht?"

„Nein, wirklich nicht", weihte ich die beiden ein. „Und nehmen wir an, ich würde euch beide heiraten, könntet ihr dann auch noch andere Männer heiraten? Und würdet ihr beide dann den gleichen weiteren Mann heiraten oder auch unterschiedliche?"

„Die gleichen wäre ja schlecht. Stell dir vor, Kastania wollte meinen Bruder heiraten", wandte die Dorflauteste ein und goss etwas Wasser auf die Steine nach, dass uns frischer Dampf einhüllte.

„Und darf die Frau oder der Mann dabei mitreden?"

Meine Neugier war soweit geweckt, dass ich gar nicht mehr aufhören konnte mit den Fragen.

Die beiden Schönheiten grienten einander an.

„Gefällt dir die Idee?", erkundigte sich Kastania.

„Mich überrascht die Idee vornehmlich", bekundete ich. „Also? Antwortet ihr?"

„Mann und Frau sollten das stets zusammen entscheiden", fand die Dorflauteste. „Aber ich hätte jetzt nichts dagegen."

„So war das nicht gemeint", machte ich ihnen klar. „Ich wollte nur wissen, wie es hypothetischerweise wäre. Das ist ja schon anders als bei uns. Kein Wunder, dass mich das neugierig macht."

Schmunzelnd richtete sich die Dorfschönste auf und zog mich zu sich, gab mir einen Kuss. „Du kannst es ja als Experiment ansehen", feixte sie.

„Ich wollte nur wissen, wie das ist!"

Die beiden nackten Babinnen blickten sich zuerst einander in die Augen und grinsten mich dann unverschämt an.

„Okay!", sagten sie wie aus zwei Mündern, was auch so ziemlich der Anzahl der Münder entsprach, die sie zusammen zur Verfügung hatten.

„Da fällt mir doch ein, dass ich mich dir noch nicht vorgestellt habe. Ich bin Kastania, Tochter der Buchsbaumia und des Pappelapapas. Ich bin Schankmagd im Trüben Rinnsal, der Dorfkneipe. Und du bist Ingo, der über unser Volk schreibt?"

Sie war nur ein kleines bisschen kleiner als Rosanella und ebenfalls sehr hübsch. Sie hatte eine Stupsnase und etwas breitere Lippen. Ihre Augen funkelten keck und in diesem Punkt hätten die beiden Geschwister sein können. Kastania hatte etwas weniger Muskeln und war etwas weiblicher geformt mit einem attraktiven Körper. Ihr Bauch war eben, ohne Ansatz von sichtbaren Muskeln und dennoch flach und ihre Beine ebenfalls schlank und sportlich. Ohnehin hatte ich noch keine dicken Baben gesehen.

„Dem ist so", gestand ich ihr. „Freut mich, Kastania!"

Ich nahm davon Abstand, mich zu erheben, um mir nicht völlig die Blöße zu geben und somit möglichen Sprüchen und dreistem Grinsen zu entkommen. Das gelang mir ganz gut!

Natürlich mag der ein oder andere geneigte und völlig verdorbene Leser nun denken, dass wir zu dritt diese Nacht ausklingen ließen ... vielleicht mit etwas mehr Klingen als aus, dass man das Bett zu dritt aufwärmte und nicht nur das Bett. Aber natürlich und selbstverfreilich passierten derlei Dinge nicht.

„Aufstehen!", hauchte mir Rosanella ins Ohr.

„Wir haben schon Kaffee gekocht", flüsterte Kastania.

„Es ist gar nichts passiert!", schrak ich auf, wollte das nur dem Lesenden mitteilen, doch sprach es laut aus, dass mich die beiden verwirrt anblickten.

Kastania zog eine einzelne Augenbraue nach oben.

„Also gar nichts würde ich das nicht nennen!" Lachend zog sie die Decke von mir und zu meinem Entsetzen bemerkte ich meine völlige Nacktheit.

„Das ist ja wohl gelogen!", behaupteten gleich beide. Womit ich wieder in der Minderheit war und vom Thema abzulenken versuchte: „Kaffee ist fertig?"

„Du versuchst nur, vom Thema abzulenken", mutmaßten sie und lagen damit, glauben Sie mir, ziemlich daneben.

„Gar nicht wahr!"

Ich sah in zwei breit grinsende Gesichter.

„Ach, ist doch auch egal!" Ich erhob mich und gemeinsam nahmen wir unser Frühstück ein.

Ich war weit weniger überrascht als es anzunehmen war, dass schließlich drei Pferde vor der Hütte standen, in der wir genächtigt hatten, und dass Kastania uns begleiten würde. Drei Pferde. Was für eine Wohltat! Ich bekam mein eigenes Pferd!

Rosanella starrte mich an.

„Da steht dein Pferd!" Sie deutete auf den Schimmel – ich ging davon aus, dass es ein Schimmel war, denn irgendjemand hatte das Tier blau angestrichen.

„Ich habe beschlossen, dass mir das zu einsam ist und ich lieber vor dir sitzen werde!"

Kastania und Rosanella prusteten vor Lachen los. Die Pferde wieherten fröhlich.

„Kannst du etwa nicht reiten?"

Kastania fand das ziemlich erheiternd, wie ich feststellen musste.

„Überhaupt nicht!"

„Es wird Zeit, dass wir das ändern!"

Endlich wieder auf dem Rücken eines Pferdes sitzend, genoss ich erhobenen Hauptes die frische Morgenluft.

„Jammer doch nicht so! Dein Hintern wird sich bald ans Reiten gewöhnt haben", versicherte mir Rosanella und machte mir damit einen Strich durch die Rechnung, den schmerzenden Po und mein Gejammer in meinem absolut wahren Reisebericht unerwähnt zu lassen.

„Ist ja gut!" Ich biss also wohl oder übel meine Zähne zusammen, um weitere Erwähnungen meines Ungemachs zu vermeiden, und krampfte mich am Pferd fest, so sehr es ging. So ritten wir eine Weile wortlos den Hang hinauf, bis wir zu einem Pass kamen und einen Blick auf die andere Seite der Anhöhe werfen konnten.

Im Tal lag eine große Siedlung. Größer als Babenhausen (Süd), aber weniger nördlich als Babenhausen [Nord]. Jetzt, da ich die Siedlung sah, in der sich, anders als Babenhausen (Süd) und Babenbaden, Häuser eng aneinanderdrückten, erkannte ich, wieso man den Namen des Ortes kursiv sprach. Schon die gesamte Bauweise der schlanken Gebäude deutete darauf hin. Und außerdem waren die Fassaden lila – und lila ist eben der Inbegriff der Mitte, so zwischen rot und blau eingeklemmt.

Scheinbar hatte man *Babenhausen <Mitte>* auf einer Insel in einem Fluss erbaut. Brücken zogen sich hierhin und dorthin – mehr dorthin als hierhin, nahm ich an – und verbanden die eine Seite mit der einen Seite der anderen Seite und die andere Seite der anderen Seite mit der ganz anderen Seite auf der gegenüberliegenden Seite. Wer die Seite wechseln wollte, hatte also eine ganze Menge zu tun und sollte nicht durcheinander kommen, wollte er sich nicht gnadenlos verirren.

Apropos Verirren. Wir verirrten uns nicht, sondern trieben die Pferde vorwärts, und die Landschaft sauste an uns vorbei. So kamen wir der Stadt schnell näher und schon bald erreichten wir die Brücke (das war eine derer Brücken, die die eine Seite mit der einen Seite der anderen verband, aber keine von denen, die ... ach, Sie wissen schon!) und einen Wächter am Wachhäuschen vor der Brücke.

„Wer dort?", rief ebendieser.

„Wir sind drei Wanderer aus Babenhausen (Sü ...", begann ich und wurde jäh von dem guten Mann unterbrochen, dass ich nicht einmal die Betonung der runden, geschlossenen Klammer zu Ende bringen konnte.

„Wanderer? Ihr seid keine Wanderer! Ihr sitzt auf dem Rücken von Pferden!", widersprach er.

Ich seufzte. „Ja, ich meine wir sind drei Reiter aus ..."

Er schnaubte verächtlich und brachte mich dadurch davon ab, weiterzusprechen.

„Wie Reiter seht ihr auch nicht aus. Vor allen du nicht, Bursche! Du siehst eher aus wie jemand, der sonst nicht auf dem Rücken eines Pferdes sitzt! Eher wie ein ...", scheinbar suchte er nach einem passenden Wort.

„Wanderer?", fragte ich vorsichtig.

„Ja, genau! Wie ein Wanderer!"

Ein zweiter Wachmann, den wir bislang nicht bemerkt hatten – *Ich schon!*, dachte Rosanella – den *ich* bis dahin nicht bemerkt hatte, trat aus dem Häuschen. „Was ist hier los?"

„Die drei haben sich als Reiter vorgestellt, aber der Bursche hier ist doch kein Reiter! Das ist ein Wanderer", berichtete der Erste.

Das Kopfnicken des Zweiten signalisierte Zustimmung zur Annahme seines Kollegen.

„Unter falschem Vorwand nach *Babenhausen* <Mitte> einzureisen ist strafbar", erklärte der neu hinzugekommene Wachmann. „Da müssen wir den Richter hinzuziehen!"

„Also erstens habe ich uns als Wanderer angekündigt", entgegnete ich, „und zweitens sind wir gar nicht nach *Babenhausen* <Mitte> eingereist. Die Stadt beginnt erst dort vorne, ab dem Stadtwappen!" Ich deutete auf ein Schild mit dem Namen und Zeichen der Stadt.

Die beiden blickten sich verunsichert an, doch noch einmal schüttelte der erste Wachmann seinen Kopf.

„Nein, nein: Du sagtest, ihr wäret drei Reiter aus …"

„Schluss jetzt! Du hast gesagt, dass wir keine Wanderer sind, weil wir auf dem Rücken von Pferden sitzen würden! Und wenn du uns jetzt weiter aufhältst, werde ich dich in ein Huhn verwandeln! Ich bin nämlich Chronist und *Zauberer*!" Und das Wort Zauberer betonte ich mindestens ebenso kursiv wie ihr Ort gesprochen wurde, was schon verdammt schräg klang.

Der Mann, auf dessen Kopf mein Finger deutete, wich erschrocken einen Schritt zurück!

„Boaaak?", schrie er spitz auf.

„Oh, bei den Göttern! Die Verwandlung beginnt schon!",

schrie der Zweite entsetzt. „Verwandelt ihn nicht, Herr! Er hat Frau und Hund! Und wer wird das arme Tier füttern, wenn sein Herrchen ein Huhn ist?"

Ich rümpfte die Nase und nickte ganz leicht mit dem Kopf.

„Also gut! Ich lasse noch einmal Gnade vor Recht ergehen!"

Die beiden Männer fielen auf ihre Knie und warfen sich in den Dreck. Ja, scheinbar hatten sie sich absichtlich die einzige Pfütze weit und breit gesucht, sodass Matsch nach links und rechts spritzte.

„Seid bedankt, Herr! Eure Gnade kennt keine Grenzen. Eure Macht ist unvergleichlich! Wir sind unwürdig!"

„Ja – ja, das stimmt!", stimmte ich passenderweise zu. „Wir reiten jetzt in die Stadt!"

Und das taten wir. Über die Brücke. In die Stadt. Von der einen Seite zur einen Seite der anderen Seite.

„Ein Hexer!", zischte jemand, als wir den Mietstall verließen, in dem unsere Pferde untergekommen waren.

„Er hat einen der Wachmänner in ein Huhn und wieder zurückverwandelt und ich hörte, dass der seitdem Federn spuckt." Eine Frau behauptete das und wurden von einer anderen unterstützt, die „und sie kamen auf Raben geritten, die sie vor der Stadt in Pferde verwandelten" hinzufügte.

Ich hob meine Arme – die Menge wich erschrocken zurück – und streckte mich. Diese interessante Abwechslung ließ mich meinen Hintern fast vergessen.

„Wir brauchen ein gutes Essen, drei Betten für die Nacht und ein Bad!", wandte ich mich laut an die Umstehenden. „Ich möchte nicht die Hälfte aller Einwohner in Frösche verwandeln müssen!"

Während Kastania kicherte, stupste mich Rosanella in die Seite. „Gut jetzt! Sonst fliehen noch alle und wir müssen in einer Geisterstadt schlafen!"

„Also gut! Wo gibt es gutes Essen, wo ein ordentlich heißes Bad und wo ein sauberes Bett für die Nacht?" Ich deutete auf einen der älteren Baben, der sofort kreidebleich wurde.

„Was ist hier los?"

Wir hörten diese Frage an diesem Tag nicht zum ersten Mal, doch die Stimme war lauter und fester. Sie musste dem Dorflautesten gehören.

„Dorflautester!" Ich verbeugte mich leicht. „Wir sind drei Reisende aus Babenhausen (Süd) und sind gekommen, um den Fahlen entgegenzutreten!" Ein Raunen ging durch das Volk. „Meine überaus hübschen und breit grinsenden Begleiterinnen sind Rosanella, Dorflauteste aus Babenhausen (Süd), und Kastania, eine freche Schankmagd aus dem Dorf Babenbaden. Ich meines Zeichens bin Ingo", stellte ich mich vor und ein weiteres Raunen ging durch die Menge, „Schreiber und ..." Ich lächelte breit ohne das letzte Wort auszusprechen.

„Ein Zauberer, ein Hexenmeister! Ja, wir wissen von deiner Ankunft!" Der Mann nickte. „Ich bin Brüllhart, Dorflautester von *Babenhausen <Mitte>*, der größten Stadt der Mittelbaben. Und mein Auftrag lautet, euch zu Donnerhold, der Zauberin unserer Stadt zu bringen!"

Wir folgten Brüllhart, der seinem Namen alle Ehre machte

und wirklich verdammt laut sprach, durch die Gassen zwischen den lilafarbenen Häusern hindurch, an lavendelfarbenen Erkern und violetten Türmen vorbei. Insgesamt blieben die Farbnuancen nah beieinander, wie auch wir vier, die durch die Gassen eilten.

„Donnerhold hat deine Ankunft schon vor langer Zeit gespürt und sagte vor einigen Tagen, dass der Hexenmeister kommen wird, um sich den Fahlen zu stellen!"

Jetzt war ich also schon Hexenmeister.

„Jetzt bist du also schon Hexenmeister", grinste Rosanella. „Es gab schon lange keine Hexenmeister mehr bei den Baben!"

Meine zweite Begleiterin staunte nicht schlecht. Und nun mehr gab es zum Staunen, als wir Donnerholds Turm erreichten, der in einem strahlenden Ultramarin gehalten war.

„Was für ein Turm!"

Wir hüpften durch die Eingangspforte, die Brüllhart uns öffnete, und auch er sprang über das Loch im Boden und landete neben uns.

„Muss mal wieder repariert werden!"

Er deutete auf das Loch mitten auf der Schwelle und eilte uns voraus die Stufen hinauf.

Was für eine Freude! Nach dem langen Ritt durfte ich endlich mal Treppen steigen. Wahrlich eine Wohltat für meine schmerzende Kehrseite und die müden Schenkel.

Es ging hinauf und meine Euphorie stieg weiter, als wir den ersten Absatz passierten und die Türe dort links liegen ließen, um uns ein weiteres Stockwerk hinaufzuschwingen. Ehrliches

Entzücken tanzte über mein Gesicht, als wir noch die nächste Etage hinter uns ließen, um endlich im dritten Obergeschoss eine offene Türe vorzufinden.

„Ich glaube, Donnerhold ist weiter oben", mutmaßte Brüllhart, doch seine Worte konnten mich nicht davon abhalten, das Zimmer mit dem großen Schreibtisch, den vielen Buchregalen und einigen sehr bequem ausschauenden Sesseln zu betreten.

„Dann hole ihn schnell, empfehle ich dir!" Grinsend und glücklich ließ ich mich nieder.

„Wir warten hier", stimmten die beiden Damen zu und nahmen links und rechts von mir Platz.

Das Zimmer war weiß, die Wände verputzt und getüncht, davor einige Regale mit Büchern, Schriftrollen und Karten. Drei größere Bilder hingen an den Wänden, zeigten drei Personen in den typischen Gewändern der Baben mit den orangefarbenen und schwarzen Bändern, die sie als Meister der Zauberkunst auswiesen.

„Das sind die Großmeister von *Babenhausen <Mitte>*", sagte plötzlich eine Stimme von der Türe her. „Siebzehn Großmeister hatte unsere Stadt und so sehr ich es mir wünschen würde, ich bin keiner davon!"

Eine ältere Dame, und kein Herr, schritt auf uns zu und reichte mir den Unterarm zum Gruße.

Schweren Herzens erhob ich mich und packte ihren Unterarm.

„Ihr seid Donnerhold, nehme ich an. Mein Name ist Ingo."

„Ja, ich hörte schon von dir", verkündete sie und nahm uns gegenüber Platz. „Möchtet ihr einen Tee?"

„Tee wäre fein", meinten Rosanella und Kastania.

„Ich würde einen Kaffee nehmen!"

„Ich habe keinen Kaffee ... dann müsste Brüllhart Kaffee holen!" Ich drehte mich zu Brüllhart.

„Schwarz, stark, heiß, ohne Spucke!", wählte ich. „Vielen Dank!" Ich winkte ihm zum Abschied.

Wir unterhielten uns einige Zeit. Derweil kochte Donnerhold Tee und schließlich kam auch Brüllhart mit meinem Kaffee.

„Also gut! Wir wurden hierhergerufen", lenkte ich das Gespräch zum eigentlichen Thema des Tages.

„Ich habe dich gesehen in meinen Träumen!" Die Zauberin des Dorfes blickte mich eindringlich an. „Ich habe gesehen, dass du von einer starken Magie umgeben bist! Wir haben hundert Jahre auf die Rückkehr eines Hexenmeisters gewartet, hundert Jahre, in denen niemand aus den Babenstämmen den Hexenberg hinaufzog, um die alten Rituale durchzuführen, und die Fahlen, die Trollander, Geister und Dämonen zurückzutreiben. Einst gab es immer einen Hexenmeister auf dem Berg, aber Irissa die Schöne war die letzte. Sie kam aus dem Stamm der Feuerbaben."

„Feuerbaben? Ich dachte es gäbe nur Nord-, Süd- und Mittelbaben", stellte ich überrascht fest.

„Es gibt viele Babenstämme", verkündete die alte Zauberin. „Aber drei große Stämme wohnen in der Nähe. Die Feuerbaben lebten auch eine lange Zeit nahebei, doch sind sie den Feuerbächen gefolgt und hausen nun im Feuerthal! Irissa blieb hier und wohnte auf dem Hexenberg."

„Dort leben oder lebten also Hexenmeister und Hexen?" Ich nahm einen Schluck Kaffee und lauschte weiter ihren Ausführungen.

„Mitnichten! Hexenmeister – Frauen wie Männer – wohnten dort! Hexen und Hexer sind etwas völlig anderes! Nein, Hexenmeister werden jene genannt, die den höchsten Kreis der Magie erreichen."

„Und wie kommt Ihr ... ich meine kommst du darauf, ich könnte ein solcher Hexenmeister sein?"

„Du beherrscht die Zeit, verwandelst Männer in Hühner ..."

„Nein", unterbrach ich sie, „das ist so nicht ganz wahr. Ich habe niemanden in ein Huhn verwandelt. Ich habe nur gedroht – aber es war eine leere Drohung!"

Sie wandte sich Brüllhart entgegen.

„Dorflautester, würdest du mir Achthelm rufen, die Wache, die halb in ein Huhn verwandelt wurde?"

„Aber sicher, Donnerhold, ich eile bereits. Prinzipiell ist er schon da."

Ich verdrehte die Augen.

„Niemand wurde in ein Huhn verwandelt und ich wette, wenn ich sage, dass ich schreibe, Achthelm käme just in diesem Augenblick ..."

„Ich bin da, ich bin da!" Keuchend schob sich der Wachmann durch die Tür am verdutzten Brüllhart vorbei. „Ihr wolltet mich sprechen?", fragte er die Zauberin, drehte sich etwas ängstlich zu mir und musterte mich.

„Du wurdest zur Hälfte in ein Huhn verwandelt?"

„Ja, Herrin!" Der Wachmann nickte heftig. „Seht!" Er hustete und plötzlich kamen Federn aus seinem Mund und verteilten sich im Raum. „Und außerdem habe ich jetzt Hühneraugen und ich achte immer sehr auf meine Füße! Noch nie hatte ich welche!"

Der Sessel kippte gefährlich nach hinten, als ich fluchtartig aufsprang und meine schmerzenden Muskeln dabei völlig vergaß.

„Das kann doch gar nicht sein. Es ist doch nicht so, dass ihm ein Hahnenkamm gewachsen ist", widersprach ich heftig. „Er hat eben ein paar Federn geschluckt!"

Der Dorflauteste blickte von Achthelm zu mir und dann zu Donnerhold. Donnerhold zog die Stirn kraus und schürzte die Lippen, ihr Kopf wackelte kaum merklich von rechts nach links und zurück.

„Ich denke", sagte sie nach einer Weile der Pause – es gab noch einmal Kaffee, Tee und Gebäck und der Dorflauteste brachte alles schnaubend die Treppe hinauf, was mir ein Gefühl der Genugtuung gab – „dass du Menschen in Tiere verwandeln kannst!"

„Was?" Meine Frage war mindestens so laut wie Brüllhart. „Ich deute auf Kastania, sage: ‚Sei ein Hund!' und sie verwandelt sich in einen?"

Kastania fiel auf die Knie, wie um meine Demonstration zu unterstützen, bellte und ging auf allen vieren.

Ich blickte zu ihr. Die anderen keuchten erschrocken auf. Kastanias Ohren wuchsen und mit diesen zusammen ihr ein

Fell. Also jetzt übertrieb sie es wirklich. Zu allem Überfluss wurde ihr Mund länger, wie zu einer Schnauze und sie bellte ein zweites Mal. Das reichte jetzt wirklich!

„Stoppp!", schrie ich und spendierte dem Ausruf ein drittes P, nur um sicherzugehen, dass er auch wirklich Gehör fand. „Du verwandelst dich sofort zurück und keine Verwandlungen mehr ohne meinen ausdrücklichen Wunsch! Ist das allen klar?"

„Ja, klar und deutlich", stimmten mir alle zu, bis auf Kastania, die stattdessen noch ein letztes Bellen bellte, bevor sie wieder ganz menschlich wurde.

„Das war eine eindrucksvolle Demonstration, Hexenmeister!", sprach die Dorfzauberin, derweil ich innerlich wie äußerlich die Augen verdrehte. „Nur die Mächtigsten beherrschen diese Fähigkeit! Seit dem Tod Irissas gab es keine Verwandlungen mehr. Darum gebührt es dir, die Fahlen vom Hexenberg zu vertreiben. Es ist das Zentrum der Macht der Hexenmeister, der Berg, auf dem sich das Tor in die Anderswelten befinden soll!"

Tief atmend versuchte ich mich zu beruhigen und es gelang mir recht gut.

„Was? Ich soll gegen die Fahlen kämpfen?", rief ich entsetzt. „Ich musste mich Dreien der Ihren stellen. Das hat mir gereicht. Wir wollten sie nur fragen, was sie dazu bewegt hat, ihre Dörfer zu verlassen!"

Kastania röchelte noch ein wenig, als sie zum Sprechen ansetzte. „Vielleicht musst du ja nicht kämpfen und ... vielleicht können wir dich begleiten?"

„Niemand darf den Hexenberg betreten", verkündete die Dorfzauberin. „Bis auf den Hexenmeister natürlich! Und Personen, die von ihm geladen werden ..."

Ich wollte gerade verächtlich schnauben, als diese Wendung kam.

„Also darf ich Kastania und Rosanella ... und vielleicht sogar Weitere einladen?", erkundigte ich mich überrascht.

„Selbstverständlich! Aber nur, falls du wirklich der Hexenmeister bist!"

Ich reckte meine Finger empor.

„Gut! Ich gebe es zu: Ich bin es! Der Hexenmeister! Tataa!", verkündete ich laut. „Und ich lade euch alle auf den Hexenberg ein und erwarte, dass ihr mich begleitet!"

Während Rosanella und Kastania sich zu freuen schienen, wurden die Gesichter von Donnerhold, Brüllhart und Achthelm bleich.

„Ich muss die Brücke beaufsichtigen!", behauptete Achthelm.

„Ich muss die Stadt beaufsichtigen!", behauptete Brüllhart.

„Ich muss die beiden beaufsichtigen!", behauptete Donnerhold.

„Keine Widerworte sonst verwandele ich euch in Mäuse und nehme euch in einem Karton mit auf den Hexenberg und werfe euch den Fahlen zum Fraß vor!"

Donnerhold legte ihren rechten Handrücken auf die Stirn und ließ sich stöhnend auf ihren Sessel sinken.

Brüllhart legte seinen linken Handrücken auf die Stirn und ließ sich stöhnend auf einen Hocker sinken.

Achthelm legte beide Handrücken auf die Stirn und fiel in Ohnmacht, nicht ohne noch einmal ein paar Federn zu spucken.

Wir bekamen in einer der Tavernen ein gutes Essen und Bier.

„Gibt es noch etwas anderes als Bier?", erkundigte ich mich.

„Wein und Schnaps!"

„Wasser?"

„Wasser?"

„Wasser!"

„Wasser?"

„Wasser!", sagte ich nachdrücklicher.

„Wa ...?", begann der Wirt von Neuem, doch ich unterbrach ihn jäh.

„Etwas ohne Alkohol. Wasser, Saft ... irgendetwas!"

„Na ja, ich könnte dir etwas Wasser holen lassen!"

„Na, das ist doch eine gute Idee! Dann nehme ich ein Wasser!"

„Dazu einen Korn vielleicht?", schlug er vor.

Das Jammern des Wirtes war durch die Gassen zu vernehmen, als ich ihm den Po versohlte, bis er versprach, nicht noch einmal solch einen dummen Vorschlag zu machen. Das habe ich natürlich nicht getan, sondern schreibe es nur, weil ich daran dachte. Oh verdammt ..., jetzt, da ich es geschrieben habe, habe ich es wohl doch gemacht. Tja, so ein Pech für den Wirt.

Das Essen, Reh am Spieß mit Tüften, war aber ganz hervorragend. Dann zogen wir weiter in das beste Gasthaus der Stadt, das außerdem noch das einzige war. Mann, hatten wir Schwein.

„Ich habe nur zwei Zimmer mit einem Einzelbett und ein Zimmer mit einem großen Bett", verkündete die Hausherrin.

„Die beiden Damen nehmen die Zimmer mit den kleinen Betten und ich ..." wurde unterbrochen.

„Und womit? Mit Recht!", fuhr mich Rosanella an und drehte sich zur Herbergsmutter. „Das Zimmer mit dem großen Bett reicht!"

„Bei uns gibt es die Zimmer so, aber hier muss man dafür zahlen", schalt mich Kastania. „Wir werden uns mit einem begnügen müssen."

„Ich könnte etwas zaubern!", schlug ich leise vor, doch die beiden Frauen drehten sich zu mir und schüttelten verächtlich den Kopf. „Aber ich brauche ein Bad!", seufzte ich leise.

Ich bekam ein Bad und eine Nackenmassage und musste dafür gleich zwei andere Nacken massieren.

„Ich dachte, ich kann das Bad alleine genießen!"

„Das wäre nicht dasselbe!", grinste Rosanella auf mir hockend und hatte damit zwar vollkommen Recht, aber ich war so müde und ausgelaugt, dass ich ein Bad für mich vorgezogen hätte. Anstelle der lockenden Entspannung, lockten mich zwei zugegebenermaßen sehr hübsche Frauen und überließen mich nicht meiner wohlverdienten Erholung.

„Und jetzt", verkündete Kastania, „darfst du für uns etwas zaubern!"

„Zaubern?" Schon ahnend, dass damit nicht das gemeint war, was man als ehrhafter Straßenbahnmitfahrer erwarten würde, ließ ich meine Schultern hängen.

Rosanella kicherte und zog mich zu sich und Kastania aufs Bett. „Du hast doch da einen Zauberstab ..."

„Lass' ihn bitte los!", forderte ic h. „Wo kommen wir dahin, wenn hier jeder mit meinem Zauberstab rumspielt!"

„Auf keinen Fall!", wurde mir widersprochen und dann machten die beiden, was sie wollten und ich musste mitmachen.

Es war viel zu früh und ich war viel zu müde, als ich wieder geweckt wurde.

„Moaahhh! Ich will noch schlafen!", ächzte ich demotiviert und zupfte an der Decke, um sie über meinen Kopf zu ziehen, doch mein Versuch wurde mit einem Ruck unterbrochen und meine Bedeckung war vollends futsch. Futsch! Was für ein lustiges Wort (wenn ich auch dessen Bedeutung in diesem Moment für alles andere als lustig hielt). Wussten Sie, dass es ursprünglich der Imperativ des Verbes *futschen* war und so viel wie gleiten oder rutschen bedeutete?

„Also ich wusste das nicht", gab Kastania zu. „Wusstest du das?"

„Falls ich es mal wusste, ist es futsch!" Lachend hielten die beiden Damen die Decke in den Händen. „Aufstehen, kleiner Hexenmeister!"

„Ächz!", ächzte ich noch einmal wortgetreu. „Wieso seid ihr beide denn schon so wach und gut gelaunt? Wir sind doch eben erst eingeschlafen!"

„Wie kann man besser Energie sammeln als bei einem ausgiebigen ...."

„Pst!", unterbrach ich sie. „Vielleicht lesen Kinder diese Zeilen. Solche versauten Wörter will ich nicht hören!"

Kastania und Rosanella grienten von einem Ohr zum anderen und blickten sich ganz unschuldig an.

„Weißt du, was er meint? Nein? Also ich auch nicht!"

Ich seufzte, aber dann gab es Frühstück, was meine Laune deutlich verbesserte, und schließlich gingen wir mit unserem Reisegepäck hinaus zu unseren Pferden.

Von Donnerhold, Brüllhart und Achthelm war keine Spur zu sehen, auch nicht, als wir *Babenhausen <Mitte>* über die Brücke auf der anderen Seite reitend hinter uns ließen.

Die Pferde trotteten die nächste Anhöhe hinauf. Vor uns lagen wohl einige weitere Hügel, wie Kastania uns erzählte, die sich hier besser auskannte als Rosanella oder ich es taten.

„Wir werden am frühen Nachmittag zur Nordebene kommen, durch den sich der Feuerbach windet, der schließlich den Hexenberg herabfließt", berichtete sie. „Dort treffen das Land der Nord- und der Mittelbaben aufeinander. Mittelberg ist die nördlichste Siedlung der Mittelbaben und Festen ist die südlichste Siedlung der Nordbaben. Dazwischen liegt die Ebene."

Wie sie verkündet hatte, dauerte es bis nach Mittag, bis wir die Ebene erreichten. Links und rechts ragten höhere Anhöhen über unsere Köpfe hinaus. Ein paar Wiehen, Tiere, die dem Gebirge den Namen gegeben hatten, brachen aus einem der Büsche, drehten knapp vor uns bei und liefen weiter in Richtung der Ebene, die unmittelbar vor uns lag.

Auf der anderen Seite erhob sich der Hexenberg, dessen Spitze irgendwo zwischen den Wolken verborgen war. Die uns zugewandte Flanke wirkte dunkel, obgleich es sich um die Südseite handelte und sie eigentlich von der Sonne beschienen sein sollte. Dennoch lag ein düsterer Schatten auf dem Berg. An seinem Fuße sahen wir die Mauern einer Festung.

„Festen", sagte Kastania schlicht.

„Die erste Siedlung mit einer Stadtmauer, die ich bei euch sehe", stellte ich fest.

Rosanella griff meine Hand.

„Ja, die Nordebene ist gefährlich. Die Sparren wandeln hier des Nachts und auch die Fahlen fallen hier immer wieder ein – wenn auch nicht in so großen Gruppen."

„Wer sind die Sparren?"

„Ein altes, magisches Volk. Sie haben einst eine Festung südlich von Babenhausen (Süd) erbaut", klärte mich Rosanella auf und Kastania ergänzte: „Sie sind sehr gefährlich und hier in der Nähe liegt eine ihrer Siedlungen auf dem Dornenberg."

„Nun, hoffen wir, dass wir diesen nicht auch noch begegnen. Lasst uns weiterreiten. Ich möchte vom Sattel herunterkommen." Und ich versuchte, den Gedanken daran zu verdrängen, dass vor uns ein hoher Berg lag, der nur darauf wartete von uns bestiegen zu werden.

Wir trieben die Pferde erneut an und ließen Mittelberg links neben uns liegen, wandten uns gen Festen. Mittelberg schien ebenso mauerbewehrt zu sein, wie Festen, das nun ziemlich genau vor uns lag.

Festen kam näher.

„Das ist doch gar nicht wahr! Wir sind näher geritten, Festen ist noch da wo es heute Morgen lag und die hundert Jahre davor auch", widersprach mir Rosanella.

Wir kamen Festen näher.

„So ist es richtig", kommentierte sie. Rosanella fiel vom Pferd herunter auf ihren Po. „Das ist gelo ...", begann sie und mit einem spitzen Aufschrei ging es abwärts und sie landete auf besagtem Hinterteil. „Das war gemein!"

Dieses Mal grinste ich und Kastania, die sich ein Lachen verkneifen musste, tat so, als würde sie mich mit ihrem Blick strafen.

Von ganz unten nach ganz oben

Die gewaltigen Kriegshörner donnerten über die Ebene und ließen Mann und Maus – noch war ich nicht ganz sicher, zu welcher Kategorie ich zählen würde – die Nackenhaare zu Berge stehen. Ja, ich glaubte sogar, dass meine Nackenhaare in diesem Moment einen gehörigen Wachstumsschub erhielten und ihnen vielleicht eigene Haare wuchsen, die sich sträuben konnten. Die Pferde schraken und bäumten sich auf und nur mit etwas Zauberei waren sie zu bändigen.

Dann sahen wir eine Armee aus einem der Wäldchen am Hang vor uns brechen.

„Sieh! Da sind Trollander!", schrie Rosanella.

Einen Augenblick fürchtete ich, die Armee wäre von ihnen entsandt, aber die Trollander liefen vor den Kämpfern der Baben fort und hielten mehr oder weniger auf uns zu.

„Lügen! Wir lebten schon immer in diesem Tal!", schrien sie. „Wir hätten Festen wieder groß gemacht!" – „Wir sind die rechtmäßigen Bewohner!" – „Das Tal gehört uns!"

Ich überlegte kurz, dann schrie ich meinen Zauber.

„Keine Lügen mehr sind zu hören an diesem Tag auf hundert Kilometer!"

Sofort verstummten die Trollander, röchelten, fassten sich an die Kehlen und warfen sich auf den Boden, um sich dort zu winden. Nicht ein einziges Wort wollte ihre Lippen verlassen, doch die Grimassen, die sich schürzenden Lippen, die sich hierhin und dorthin wölbten, die irren Blicke in alle Richtungen, ihre seltsamen Gesten blieben.

Die Baben stoppten schließlich, ergriffen die sich im Dreck suhlenden Trollander, legten ihnen Fesseln an und warfen sie in den Käfig auf einem Gitterwagen, der hinter ihnen herfuhr.

Vermutlich der Anführer der Nordbaben trat auf uns zu.

„Ich bin Diabas, erster Jäger und Verteidiger Festens. Ich nehme an, ihr seid dafür verantwortlich, dass diese ... abscheulichen Wesen verstummten und stürzten?"

„Ich bin Rosanella, Dorflauteste von Babenhausen (Süd) und das ist Kastania aus Babenbaden. Wir begleiten den Hexenmeister der Falen auf seiner epischen Reise im Kampf gegen die Fahlen!", berichtete sie und deutete auf mich.

„Das erste Falen war jetzt mit oder ohne H? Und das zweite dann mit? Oder doch ohne?" Diabas zeigte sich verwirrt.

„Ich bin Ingo, ein Fale ohne H, und wir ziehen zum Hexenberg, auf dem wir den Fahlen mit H entgegentreten wollen. Nur um Missverständnisse vorzubeugen: Wir wollen ihnen nicht mit einem H entgegentreten, sondern wir wollen denen entgegentreten, die sich mit H schreiben!"

„Oh, das war mal eine präzise Erklärung. So etwas sollte man auch von einer Dorflautesten erwarten dürfen!"

Alle, einschließlich der restlichen Krieger und sogar einige der Trollander, drehten sich abfällig den Kopf schüttelnd zu Rosanella, die rot anlief. Demütig sanken ihre Schultern und sie richtete ihren Blick zu Boden.

„Seid nicht zu streng mit ihr, sie wird das noch lernen", verkündigte ich und sah zu, wie sich die Trollander wieder auf dem Boden wanden, einige von ihnen waren sogar aufgesprungen und rannten kreuz und quer, um der Gefangennahme zu entgehen, aber sie waren zu fett und behäbig.

„Nun, wir sind froh über dein Erscheinen. Die Trollander sind vor den Fahlen geflohen und wir haben sie mittlerweile wieder hierher zurückgetrieben. Sie haben das ganze Land der Nordbaben von Ostwind bis nach Westtahl und von Festen bis nach Nordennord heimgesucht. Und auch die Länder der Mittelbaben scheinen vor ihnen nicht sicher. Es wird Zeit, dass die Fahlen – also jene mit H – wieder heimkehren und sich damit auch die Trollander zurück in ihre Suhle trauen." Der erste Jäger deutete in Richtung von Festen. „Da du der Hexenmeister bist, würden wir dich zu einem Festmahl einladen an dem Tag, bevor du den Hexenberg erklimmst!"

„Na, so eine Einladung soll man nicht ausschlagen!"

Wir schlugen nicht, abgesehen vom *zu* beim Buffet, an dem wir uns gütlich taten, und gingen zufrieden auf das uns angebotene Zimmer, um die Nacht in aller Ruhe ... „He! Finger weg! Ich sagte *in aller Ruhe!*" ... verbringen.

Das Haus, in dem wir nächtigten, gehörte Perlita und Cipollino, der Dorflautesten und ihrem Mann, einem Schmied und Krieger. Ihre älteste Tochter Minette sollte uns am folgenden Tag bis zu den Anhöhen geleiten, um den alten Hexenpfad nicht zu verfehlen, über den die Hexenmeister einst den Hexenberg erklommen.

Perlita und Minette waren die ersten wirklich schwarzhaarigen

Baben, die ich zu Gesicht bekam, während Cipollino eher rotbraune Haare hatte und damit für einen Baben auch dunkles Haar.

„Meine Mutter kam von den Lippinger, einem Stamm, nicht unweit von Babenhausen {Ost}. Bei den Lippingern gibt es viele mit dunklen Haaren", erklärte sie mir, darauf angesprochen.

Etwas anderes fiel mir noch auf. Ich hatte bisher keine wirklich hässlichen Baben gesehen. Ob es das wilde Flair war, das sie umgab, oder die Tatsache, dass zu einem Trollander wirklich jeder gut aussieht, oder sie einfach hübsch waren, vermochte ich in diesem Moment nicht zu sagen.

Rosanella und Kastania räusperten sich, derweil sie sich auf dem Bett räkelten.

„Na, von euch beiden weiß ich, dass ihr sehr hübsch seid!", stellte ich schnell klar. Eine weise Entscheidung, denn gerade im Angesicht von zwei nicht gerade schwachen Babinnen, war es wohl angebracht, das Offensichtliche noch einmal kundzutun. „Kastania! Es ist an der Zeit, dass du mehr von dir erzählst", bestimmte ich.

Kastania nickte. Die Schankmagd, die auch mit zur Jagd ging, wie sie berichtete, erzählte von ihren Leben. Ihr Vater war lange erster Jäger gewesen, bis er sich schwer verletzte und daraufhin die Dorfschenke vom alten Eichenhein übernahm.

Am nächsten Morgen, wieder völlig frisch, wurde mir erneut die Decke entrissen. Standhaft und männlich wie ich bin, jammerte ich auch kaum eine Viertelstunde, bevor ich mich schließlich erhob. Cipollino war schon längst in der Schmiede, als wir uns beim frühesten Morgengrauen zum Frühstückstisch bewegten.

„Ähem!" Rosanella sah mich strafend an.

Gut. Also späteres Morgengrauen? Ja, ist ja gut. Es war aber immer noch Morgen, als wir zu Tisch kamen und nach einem kleinen Happen aufbrachen.

Perlita hatte unsere Pferde bringen lassen, womit Rosanella wieder auf ihrem schwarzen Schimmel und ich auf meinem blauen Platz nehmen konnten. Kastania hingegen ritt einen Rappen, der zur Tarnung braun und weiß getupft worden war. Minette, die uns nun begleitete, war die Einzige auf einem nicht angestrichenen Pferd, ein schönes Tier, das von Natur aus braun war.

„Wir reiten direkt nach Norden und biegen dann zum Hexenpfad ab, dorthin, wo früher die Hexenmeister den Berg bestiegen oder Besucher in Empfang nahmen. Es soll der schnellste Weg sein."

„Und wie lange brauchen wir für die Besteigung?", wollte ich wissen, doch Minette zuckte lediglich mit den Schultern.

„Seit über hundert Jahren gibt es dort keinen Hexenmeister mehr und es ist verboten, den Berg ohne Einladung eines Hexenmeisters zu betreten. Darum kenne ich auch nur den Weg bis zum Hexenpfad."

Sie ritt eine Weile voraus. Ich war mir nicht sicher, wie alt sie war, aber ich schätzte sie auf vielleicht sechzehn Jahre, wenn überhaupt. Sie hatte weiße Bänder an Armen und Beinen. Die Bänder am Oberarm bedeuteten, dass sie in Berufsausbildung war, ihre Lehre jedoch nicht beendet hatte. Doch was bedeuteten die weißen Bänder an den Beinen? Ich konnte mich gar nicht erinnern, dass Rosanella mir davon berichtet hatte. Rosanella ritt just in diesem Moment neben mich.

„Das hatte ich bislang nicht, weil es diese bei uns Südbaben nicht gibt. Ich glaube nur bei Nordbaben kann man sie sehen. Wer weiße Bänder an den Oberschenkeln trägt, gilt als Jungmann oder Jungfrau und dessen Eltern verbieten es, diese Person zu freien. Erst wenn sie siebzehn wird, darf sie eigene Bänder an den Beinen wählen", erklärte sie.

„Okay!"

„Meine Eltern wollen, dass ich einen starken Mann bekomme", lachte Minette, die uns wohl gehört oder später unser Gespräch gelesen hatte. „Aber bald bin ich siebzehn, dann werde ich grüne Bänder anlegen, auch wenn das meine Eltern nicht freuen wird!"

Wir verließen Festen durch ein Tor und folgten einem Weg, der scheinbar nicht selten von Karren oder Fuhrwerken genutzt wurde. Deutlich sah ich die Spuren der Räder, die sich in den Weg gegraben hatten.

Nach einer Weile wechselten wir auf einen kleinen Pfad zu unserer Linken und ritten im Bogen um eine dicht bewaldete Anhöhe zu unserer Rechten, einem der vielen Ausläufer des Hexenbergs.

Plötzlich erhob sich auf der gleichen Seite ein Turm. Ein aus groben Felsblöcken errichtetes hohes Gebäude. Es schien alt, denn nicht nur Moos und Efeu hatten es überrankt, es sah auch schwarz und verwittert aus. Dennoch schien es nicht verlassen. Mir war in dem Moment überhaupt nicht klar, wieso ich es für noch genutzt hielt, doch dann drang der Duft von frisch gekochtem Essen an meine Nase.

„Das ist der Finger des Südens", berichtete Minette. „Basaltar, mein Cousin, tut dort seinen Dienst, aber natürlich weiß ich nicht, ob er heute da ist."

Natürlich war er da. Das Erwähnen seines Namens hätte sonst gar keinen Sinn gemacht. Und der geneigte Leser dürfte schon längst festgestellt haben, dass nur die wesentlichen Details meines Berichts überhaupt Erwähnung fanden.

Ich holte meinen Rucksack hervor, kramte nach einem Taschentuch und putzte mir die Nase. Die frische Luft tat gut, aber die vielen Pollen konnten schon mal dafür sorgen, dass man etwas schlechter Luft bekam. Ausgiebig schnaubte ich mich, dann steckte ich die Packung wieder weg und rieb mir die Pobacken. Die Luft war angenehm und der Tag warm. Frohen Mutes musterte ich noch einmal den Turm.

Minette saß ab, Kastania und Rosanella folgten ihrem Beispiel und so schwang ich mich auch behände von dem Pferd und wäre beinahe auch nicht heruntergefallen.

„Na, das musst du noch üben, Hexenmeister!", lachte sie frech, was die anderen Damen animierte einzustimmen.

„Immerhin habe ich es geschafft, während des Ritts nicht vom Pferd zu fallen", konterte ich wortgewandt. „Das ist doch schon mal ein Anfang!"

Basaltar kam an die Tür, als Minette klopfte und lauthals seinen Namen rief.

„Bist du verrückt? Der Wald ist voller Trollander und die

Fahlen sind auch nicht weit!", schimpfte der junge Mann, der nur zwei oder drei Jahre älter als Minette sein mochte. Auch er trug noch weiße Bänder an den Oberarmen.

Minette lief rot an, umarmte ihren Cousin dann aber dennoch.

„Wir sind mit dem Hexenmeister da. Ich soll ihn zum Hexenpfad begleiten!"

„Was? Wessen verrückte Idee war das?", donnerte eine dunkle Stimme von hinten aus dem Turm und der Mann, der nun hinaus trat, schob Basaltar zur Seite. Der Mann musterte uns offen.

„Meine Mutter hat das entschieden", sagte Minette nur.

„Das hätte ich mir denken können. Du bist also der Hexenmeister? Du siehst nicht wie ein Babe aus!"

„Ich bin auch kein Babe, ich bin ein Fale!" Ich musterte ihn nun ebenso wie er mich.

Ich hatte nicht viele Baben mit Bart gesehen und der Mann trug auch keinen. Er hatte dunkelblondes Haar, das schon ein wenig grau schimmerte, und dunkle Augen. Er war kaum größer als ich, aber ein Berg aus Muskeln.

„Mein Name ist Geodor", stellte er sich schließlich vor.

„Man nennet mich Ingo." Ich verbeugte mich leicht.

„Ingo? Wie unser Esel!", freute er sich.

Ich röchelte verächtlich.

„Ihr solltet wissen, dass es seit Tagen gefährlich in diesen Wäldern zugeht. Es ist kein Ort für ein kleines Mädchen wie Minette", berichtete er.

Minette lief rot an und stampfte einmal laut auf.

„Ich *bin* kein kleines Mädchen!", wütete sie und strafte damit ihre Worte Lügen.

„Basaltar und Skarn werden euch begleiten. Minette kann dann hierbleiben und ich lasse sie später nach Hause bringen, wenn die beiden zurück sind."

Geodor wandte sich um und rief Skarn, der auch schon kurz darauf aus der Tür trat. Minette ließ inzwischen die Zeit nicht ungenutzt und wetterte über Geodor, der davon nur wenig beeindruckt schien.

Skarn war dürr, alt und doch sah man ihm sofort an, dass er kämpfen konnte. Er trug eine Axt auf dem Rücken und ein Schwert an einem Gürtel, wie die anderen Wachen.

„Was?", sagte er scharf.

„Die drei hier wollen zum Hexenpfad", begann Geodor zu erzählen, doch Skarn schien es nicht zu interessieren.

„Ich bin kein Reiseführer, Geodor. Wenn sie zum Hexenpfad wollen, sollen sie dem Weg dort folgen. Das kleine Mädchen kann ihnen auch den Weg zeigen. Ich bin hier, um Trollander zu jagen und zu vertreiben, wenn ich sie nicht fangen kann."

„Richtig, Skarn. Und der Weg hinauf zum Hexenpfad ist übersät mit Trollandern. Du und Basaltar werdet dort auf Trollanderjagd gehen. Und wenn ihr zurückkommt, bringt ihr die Gefangenen nach Festen und nehmt Minette mit."

Skarn fluchte und spuckte aus, direkt in die Richtung meiner Füße, was mir nicht gefiel. Ich machte eine kleine Handbewegung und seine Spucke drehte ab, und traf Skarn selbst.

„Was soll das?", fluchte er.

„Wir wollen hier mal eines klar stellen: Wenn wir euch mit zum Hexenpfad nehmen sollen", verkündete ich, „wirst du dich benehmen. Sonst nehme ich dir deine Axt und dein Schwert und werfe sie in die nächste Schlucht, nachdem ich *dich* an den Füßen an einen Baum gehängt habe. So hoch, dass die Trollander sich mit dir vergnügen können." Ich spannte mich an und senkte meine Stimme um etwa ein bis sieben Oktaven und sorgte dabei für so ordentlich Druck, dass meine Worte „Ist das KLAR?" um den Hexenberg herum hallten, und weil sie bei der Umrundung einmal ganz herum gedreht wurden, kamen sie rückwärts bei uns an: „?RALK sad tsI".

Skarn blickte mich erschrocken an und nickte schnell.

Basaltar blickte mich erschrocken an und nickte schnell.

Minette blickte mich furchtlos an und sagte schnell: „Und *ich* werde euch begleiten!" Ihre Stimme duldete keine Widerrede.

„Ich hatte nicht erwartet, gleich von einer halben Armee zum Hexenberg begleitet zu werden", sagte Rosanella.

Der mürrische Skarn, Basaltar, seine Cousine Minette, die sich schließlich doch gegen Geodor durchgesetzt hatte, ritten auf Pferden neben uns her.

Vom Finger des Südens ging es eine Weile auf fast gleichbleibender Höhe geradeaus, bevor wir einem Wegweiser folgend nach rechts tiefer in den Wald abbogen.

„Zum Hexenberg rechts", rief uns der Wegweiser zu und wies in eben diese Richtung.

„Dann wohl nach rechts", meinte Kastania, die neben mir herritt.

Damit erhob sich der Hexenberg genau vor uns und langsam nahm die Steigung mehr und mehr zu. Schließlich erreichten wir einen steilen Pfad, der sich in Serpentinen einen Hügel hinaufzog.

Oben angekommen, hatten wir einen guten Ausblick über die Nordebene, konnten weit nach Westen und ein Stück nach Süden blicken. Von Festen jedoch sahen wir nur die Spitzen einiger Türme, der Rest blieb hinter den Baumkronen verborgen.

Vom Hügel aus wählten wir einen neuen Weg, der sich schon bald gabelte, der eine führte nach links Richtung Buchenhain, doch unser Weg schlängelte sich rechts durch den Wald zum Hexenberg.

Vögel zwitscherten, Brombeeren rankten wild längs des Weges und irgendwie hatte ich das Gefühl, dass wir nicht mehr völlig allein waren.

„Ich glaube", teilte ich den anderen mit, „in der Nähe sind Trollander."

Wir zügelten die Pferde, dass sie nur noch gemächlich vorwärts trabten. Skarn und Basaltar tauschten einige Blicke aus, sahen sich dann um. Etwas vor uns raschelte ein Busch und einige Blätter wackelten verdächtig. Skarn sprang plötzlich von seinem Pferd, zog seine Axt, stürmte auf den Busch zu und durchhieb mit einem kräftigen Schwung einige Ranken und Zweige. Ein jäher Aufschrei zerriss die friedliche Stille des Waldes.

„Angriff", quiekte es aus dem Busch schrill und laut, während etwas aus dem Busch sprang. Ob dies ein Angriffsschrei war oder eine Warnung an andere, war schwer zu sagen. Heraus stürzte ein Trollander und das ganze restliche Gebüsch wackelte deutlich, sodass davon auszugehen war, dass der Trollander nicht alleine dort war.

Auch Basaltar war mit gezogener Waffe vorgestürzt und schlug nun ebenso auf die Büsche ein.

Der Trollander, den Skarn aus dem Gebüsch befördert hatte, rollte sich ab und trat direkt gegen Skarns Schienbein, was dem Krieger wenig auszumachen schien. Er hieb mit der Axt hinterher, doch der Trollander tänzelte einfach zwischen den Beinen des axtschwingenden Kriegers hindurch mit einer Gewandtheit, die ich diesem grobschlächtigen Volk überhaupt nicht zugetraut hätte, sodass Skarn ihn unmöglich treffen konnte, ohne sich selbst bei dem Vorhaben die Beine abzuhacken.

Der Trollander schrie erneut.

„Hinterhalt! Feiglinge! Wir werden angegriffen! Ihr Monster! Ihr Eindringlinge!" Dann biss er in Skarns Wade, was dem Krieger nun seinerseits einen Aufschrei entlockte.

Einen Moment lang überlegte ich, was zu tun sei, während ich mich vom Pferd schwang und dieses Mal tatsächlich auf beiden Beinen landete. Ich hatte natürlich noch den Dolch der Fahlen bei mir, aber ich war mir nicht sicher, geschickt genug zu sein, nicht aus Versehen Skarn, der seinerseits noch immer mit dem Trollander rang, zu treffen. Basaltar schlug sich gegen mehrere der Eindringlinge und Rosanella war nun als Dritte bei dem Buschwerk angekommen, um den Wachmann in Ausbildung zu unterstützen.

Kastania folgte mir, nur Minette blieb unsicher auf dem Rücken ihres Pferdes zurück. Letztlich zog ich dann doch den Dolch der Fahlen.

„Stopp!", schrie ich lauthals. „Ich bin ein Fale und ich gebiete hier!" Alle starrten mich mit großen Augen an. „Ihr – Baben – aus dem Gebüsch heraus", befahl ich und erntete unsichere Blicke von Rosanella, Basaltar und Skarn. „Und ihr, Trollander, verschwindet sofort! Ich will euch hier nicht mehr sehen, sonst komme ich heute Nacht und sauge euch die Seelen aus!"

Die Trollander wurden kreidebleich, quiekten wild durcheinander und stürmten von dannen, während sie heulend schworen, die Baben hätten sie hierher gebracht und es sei nicht ihre Schuld.

„Wir hätten sie fast gehabt!", tönte es aus Skarns Richtung und der Krieger sah mich vorwurfsvoll an. Dabei rieb er sich seine Wade, die stark blutete, sodass nicht nur seine Hand und sein Bein blutverschmiert waren, sondern sich auch auf dem Boden ein dunkler Fleck bildete.

„Das habe ich gesehen, du hattest sie fast: Ihre Zähne in deinem Fleisch. Wenn das das Ziel war, so warst du wirklich erfolgreich, Skarn. Und jetzt will ich kein Zetern hören", zeterte ich meinerseits ein kleines bisschen.

In einer Bewegung drehte ich mich herum und schob den Dolch zurück.

Kastania trat neben mich.

„Du hast die Situation gerettet! Danke!"

Rosanella murmelte ein paar Worte, die sich weniger dankbar anhörten und die beiden Wachmänner, Skarn und Basaltar traten geknickt näher zu uns.

„Wir müssen dein Bein verbinden", deutete Kastania auf Skarns Bein.

„Ach was! Ein Kratzer ist das, mehr nicht!", behauptete der, derweil sein Blut fröhlich weiter aus der Wunde suppte.

„Du lässt dir die Wunde jetzt verbinden", schaltete sich Minette ein. „Sonst erzähle ich das meiner Mutter, der Dorflautesten, und Geodor!"

„Ahhh! Pack!", fluchte Skarn, wollte ausspucken, überlegte es sich dieses Mal jedoch.

Meckernd ließ er sich einen Verband anlegen.

Nachdem Skarn versorgt war, saßen wir wieder auf den Pferden auf und ritten weiter. So höher wir kamen, desto nebeliger und kälter wurde es. Ich war ohnehin kein Fan davon, lediglich einen Lendenschurz zu tragen, wie es bei den Baben üblich war. Sollte es noch kälter werden, fürchtete ich, mir einen Schnupfen zuzuziehen.

Es wurde kälter und feuchter. Langsam verschwanden die Bäume und Büsche um uns herum und schließlich das meiste vom Weg. Zitternd saß ich auf dem Rücken des Pferdes.

„Ist dir kalt?", fragte Rosanella, die in diesem Moment links von mir ritt, während Skarn und Basaltar vorne waren und die beiden verbleibenden Frauen hinter uns.

„Warum sollte mir kalt sein?", antwortete ich etwas gereizt. „Ich trage doch diesen wärmenden Lendenschurz. Außerdem sind es mindestens 10 Grad und nass ... da kann man doch gar nicht frieren."

Sie lachte. „Vielleicht sollten wir uns ein paar Decken überwerfen?"

„Vielleicht sollten wir das tun – aber nur, wenn euch auch kalt ist. Also, wenn euch kalt ist, denn ich friere ja nicht. Falls euch also kalt ist, würde ich mir nur vorsichtshalber und nur für euch eine Decke überwerfen."

„Also so richtig friere ich nicht", erwiderte die schöne Babin neben mir.

„Ach was soll's! Ich mache es einfach für euch!" Ich zog mir den Rucksack vom Rücken und holte meine Decke hervor, die ich darauf angebunden hatte. Dann hängte ich sie mir um. „Jetzt muss sich keiner von euch schämen, wenn euch kalt ist, sich eine Decke umzulegen. So bin ich zu euch!" Dann setzte ich mir den Rucksack erneut auf. „Ein Gutes hat der Nebel natürlich", stellte ich fest. „Falls hier Trollander herumlaufen, können wir sie nicht sehen!"

„Was soll daran gut sein?", fuhr mich Skarn an.

„Na, deine zweite Wade bleibt verschont!"

Während Rosanella ein Lachen unterdrückte, lief Skarn rot an, murmelte ein paar unflätige Worte, und trieb sein Pferd vor, sodass ich ihn fast im Nebel verlor und nur noch das Hinterteil seines Pferdes ausmachen konnte.

„Ist es eigentlich noch sehr weit?", erkundigte ich mich.

Minette, schob ihr Pferd neben meines.

„Nein, es ist nicht mehr weit!"

So ritt ich zwischen Minette und Rosanella, während Kastania und Basaltar nun hinter uns herritten und Skarn, in seinen nicht vorhandenen Bart murmelnd, voraus. Der Weg war an dieser Stelle breit genug. Ich war mir nicht mal mehr sicher, ob es ein richtiger Weg war oder ob wir mehr oder weniger über eine Wiese ritten. Über uns schien es jedenfalls keine Baumkronen zu geben. Es war trotz des Nebels viel zu hell dafür.

Wir ritten weiter durch das ungreifbare nasse Weiß und ich bekam kaum etwas vom Weg mit, bis plötzlich ein Schild auftauchte. *Hexenberg*, verkündete es fröhlich; darunter befand sich ein anderes Schild, auf das jemand *Trauerberg* geritzt hatte.

„Na, wir scheinen noch richtig zu sein!"

„Skarn kennt sich hier aus", verkündete Basaltar und vermutlich stimmte das. Ich hätte mich in dem Nebel gnadenlos verirrt.

„Ich denke, du kennst dich bestimmt auch gut aus", flötete Minette nach hinten, womit sich Basaltar etwas stolzer aufrichtete. „Woher kommst du eigentlich, Hexenmeister?"

„Es wäre schön, wenn du mich *nicht* Hexenmeister nennen würdest! Ich heiße Ingo."

„Gut, Ingo, woher kommst du eigentlich?"

„Nun, ich komme von ... von außerhalb der Babenreiche. Ich komme aus Bielefeld!"

„Bielefeld?", fragte sie erstaunt, „gibt es das wirklich?"

Ich war mir nicht sicher, ob es reiner Zufall war oder ob sie diesen dämlichen Spruch um die Existenz Bielefelds kannte.

„Ja, ich glaube das gibt es. Jedenfalls gab es das vor Kurzem noch, als ich mit der Straßenbahn Linie 3 nach Babenhausen (Süd) gefahren bin." Ich hatte mittlerweile längst verinnerlicht, die

Klammern ordentlich mitzusprechen.

Rosanella grinste mich frech an. *Du bist so sprachgewandt,* neckte sie mich in ihren Gedanken.

„Also, du bist aus Bielefeld?"

„Genau genommen komme ich aus einer Nachbarstadt. Aber der Weg führte mich über Bielefeld, wo ich auch arbeite", erklärte ich ausführlich. „Ich entwickle Software für Computer!"

„Ah, du arbeitest mit Zaubermaschinen", antwortete sie und nannte Computer damit genau so, wie auch Rosanella sie genannt hatte, die sich ihrerseits nun zu Wort meldete:

„Ja, als er das erzählte, wurde mir erst klar, dass er Zauberer ist", erinnerte sie sich.

„Und? Gibt es dort viele Hexenmeister oder Zauberer?", forschte Minette weiter.

„Ähm ... also, um ehrlich zu sein, habe ich, bevor ich zu euch kam, noch nie von einem Hexenmeister oder Zauberer gehört."

„Wo hast du denn dann Zaubern gelernt?", wollte Minette von mir wissen und blickte mich neugierig an.

Sie sah sehr jung aus, was sie ja auch war, aber man konnte sehen, dass sie nach ihrer Mutter kam und einmal eine sehr schöne Frau werden würde.

„Das ist eine wirklich gute Frage. Zaubern lernte ich ... also als ich ... ich meine ... ich habe keine Ahnung. Im Grunde genommen mache ich das eher instinktiv", führte ich hochpräzise aus.

„Oh!", konterte sie. „Oh!"

„Du hattest was anderes erwartet, nehme ich an!"

„Nun, wenn jemand gegen die Fahlen zieht, um sie zu bekämpfen ..."

„Ich habe nicht vor, gegen die Fahlen zu kämpfen", widersprach ich. „Ich werde überhaupt nicht kämpfen. Das Einzige, was ich vorhabe, ist mit ihnen zu sprechen. Sprechen ist vermutlich viel hilfreicher als einen Kampf zu führen."

„Ich habe gedacht, wenn jemand auszieht, gegen die Fahlen zu kämpfen, wäre es sinnvoll, wenn er wüsste was, er tut", wiederholte sie.

Ich kullerte einmal kurz mit den Augen, atmete tief durch und erklärte ein zweites Mal: „Erstens werde ich nicht kämpfen, sondern reden. Zweitens weiß ich sehr genau, was zu tun ist. Und drittens ist dafür keine Zauberei notwendig."

„Bist du sicher, dass das ein guter Plan ist?", fragte Rosanella von der anderen Seite.

Ich wandte mich zu ihr. „Absolut!"

„Du siehst nicht so sicher aus", warf Minette ein.

Ich seufzte. „Vielleicht bin ich mir nicht absolut sicher. Ich habe keine Ahnung, was die Fahlen überhaupt für Kräfte haben und was sie wollen. Beides wäre dumm, durch einen Kampf herausfinden zu wollen. Daher erachte ich Reden für den besseren Weg."

„Ich stehe hinter dir", versicherte Rosanella. „Selbst bei einer solchen Torheit!"

„Danke!"

„Bitte!"

„Sehr lieb!"

„Voll gerne!" Rosanella grinste von einem Ohr zum anderen und sah mich direkt an. Trotz der Grimasse war sie wunderschön und am liebsten hätte ich sie jetzt abgeknutscht. „Mach doch", lockte sie mich.

„Ich bin froh, mich bisher überhaupt auf dem Pferd zu halten. Ich fange da heute nicht mit Kunststücken an."

„Schade", schmollte sie etwas, lehnte sich herüber und drückte mir einen Kuss auf die Lippen, ohne herunterzufallen, was mich sehr beeindruckte. *Wie hat sie die Physik überlistet? An ihrem Hintern kann es nicht liegen, der ist nicht groß genug als Kontergewicht,* dachte ich, womit sie mich wieder breit angrinste.

Ich bin halt gut, dachte sie.

Und dein Arsch ist perfekt, dachte ich.

Lächelnd warf sie mir einen Luftkuss zu.

Schließlich drehte ich mich wieder Minette zu.

„Wir werden einfach zu den Fahlen reiten, mit ihnen sprechen und dann weitersehen."

„Und wenn sie nicht sprechen wollen?"

„Also, du musst schon etwas mitarbeiten, wenn der Plan Erfolg haben soll. Tue wenigstens so, als könnte er funktionieren!", tadelte ich sie.

Sie rümpfte ihr kleines Näschen.

„Na, Minette hat nicht unrecht", warf Rosanella ein. „Ich weiß nicht, ob die Fahlen mit uns Baben sprechen werden."

„Genau genommen bin ich kein Babe", protestierte ich.

„Aber du hast mehr von einem Baben als von einem Fahlen!"

„Nein, eigentlich bin ich näher an den Fahlen. Als Fale fehlt mir dazu nur das H. Um ein Babe zu sein, müsste ich das F und das L jeweils gegen ein B tauschen!"

Rosanella schürzte ihre Lippen und wog den Kopf nickend von links nach rechts und wieder zurück, als prüfe sie meine Aussage sorgsam.

„So gesehen hast du recht!"

„Ja, ich weiß, ich habe *immer* recht!", sprach ich das Offensichtliche aus.

Minette und Rosanella lachten herzlich.

„*Immer* recht!", gluckste Minette.

„Offensichtlich", gackerte die Dorflauteste.

„Ach! Was wisst ihr denn schon?"

Gut, vielleicht hatte ich nicht immer recht, aber das musste ja niemand wissen.

„Und wenn dieses fehlende H das Ausschlaggebende ist?" Rosanella wischte sich eine Träne aus den Augenwinkeln.

„Ja, dann haben wir ein Problem. Wir werden sehen, was wir dann machen ... und im Notfall zaubere ich!"

„Und was wirst du dann zaubern?"

„Ich habe keine Ahnung und es interessiert mich überhaupt nicht! Und jetzt bin ich genervt und möchte meine Ruhe!" Ich drehte mich zu Minette. „Ist es eigentlich noch sehr weit?"

„Nein, es ist nicht mehr sehr weit!"

Ich seufzte und lauschte dem Wald, in dem, abgesehen von den Lauten unserer Pferde und ein paar Tropfgeräuschen, überhaupt nichts zu hören war.

Nach einer Weile vernahm ich das Klopfen eines Spechts, doch nicht einmal Vogelgezwitscher durchdrang den Nebel.

Hinter uns unterhielt sich Basaltar mit Kastania und erzählte von seinen Aufgaben und seiner Ausbildung. Sie berichtete ihm von ihrer Tätigkeit in der Schenke und dass sie ab und an mit auf die Jagd gehen durfte, obschon sie keine Jägerin war.

Skarn zügelte plötzlich sein Pferd, drehte sich zu uns und zischte: „Jemand ist vor uns!" Er deutete nach vorn.

Ich blickte mich um. Mit Adleraugen erkundete ich die Gegend: Zu meiner Linken saß Rosanella auf ihrem Pferd. Hinter ihr lag eine weiße Nebelwand. Vor mir konnte ich die hintere Hälfte von Skarns Pferd und die Rückseite Skarns ausmachen. Ich war mir in diesem Moment nicht sicher, ob sein Pferd einen Kopf besaß, doch falls dem so war, war dieser im dichten Nebel verschwunden. Ich drehte meinen Kopf weiter nach rechts. Minette saß dort ebenfalls auf ihrem Pferd und hinter ihr sah ich nichts als Nebel. Genau genommen sah ich nur Nebel, drei Reiter und zweieinhalb Pferde (und hoffte, dass der Rest von Skarns Pferd noch unversehrt war und es nicht gleich nach vorne kippen würde).

„Ich sehe nichts", flüsterte ich und verlagerte meine Wahrnehmung auf das Lauschen.

Doch außer den typischen Geräuschen eines Nebelwaldes, das Atmen der angehaltenen Pferde und das Tropfen von Wasser in der Nähe, konnte ich auch hier nichts ausmachen. Ich strengte meine Ohren noch einmal mehr an, vernahm jählings ein Zischen. *Bamm* machte es und Rosanella kippte langsam vom Pferd.

Geistesgegenwärtig zögerte ich einen Moment, starrte auf Rosanella, die gerade mit ihrem Fall auf den Boden beschäftigt war. Ich griff nach ihr, doch erwischte nur noch die Luft, die sich nun an Rosanellas Stelle befand. Wieder zischte es und ‚*Bamm*' schien Kastania getroffen, denn ich hörte sie aufstöhnen und einen kurzen Moment später vernahm ich einen Aufschlag.

Ich rutschte vom Pferd in dem Moment, als etwas an meinem Ohr vorbeisauste und mich um Haaresbreite verfehlte.

„Runter!", zischte ich, blickte mich um und bemerkte, dass Minette meinem Befehl folgte, während Basaltar bereits am Boden kauerte und sein Schwert zog. Ich winkte ihm zu und er eilte vor. „Leise!", befahl ich. „Und am Boden bleiben. Baltasar, du kommst mit und Minette, du bleibst hier!"

„Ich will nicht alleine hierbleiben", jammerte sie.

„Jemand muss aufpassen, dass den anderen niemand die Kehle durchschneidet." Ich drehte Rosanella herum. Sie lebte zum Glück, hatte nur eine große Beule an der Stirn. Den Fahlendolch, den sie in der Scheide an ihrem Oberschenkel hatte, zog ich und reichte ihn Minette. „Sei vorsichtig damit, er ist sehr gefährlich."

Basaltar und ich krochen vorwärts und stellten fest, dass auch Skarn ohnmächtig vom Pferd gekippt war, als wir seine unglückliche Cousine zurückließen. Wir schoben uns vorsichtig näher in die Richtung, in die Skarn gedeutet hatte.

Erneut hörten wir das Zischen, dieses Mal deutlich über unseren Köpfen und ein Pferd wieherte und schien dann ebenfalls umzukippen. Ich hoffte, dass keiner von unseren Leuten von ihm begraben wurde. Vor uns war eine weiße Nebelwand, doch ich erkannte, dass der Pfad hier eine Biegung machte, und wir verließen ihn. Vorsichtig robbten wir weiter. Zur Rechten, wo auch der Pfad hin abbog, begann sich der Boden zu erheben und führte nach oben, doch wir blieben unten und krochen, bis eine kleine Steilwand vor uns aufragte. Etwas über einen Meter über unseren Köpfen sah ich vier Beine, und als ich meinen Kopf höher wand, erblickte ich zwei Fahlen, die seltsame Schusswaffen in den Händen hielten, Armbrüsten nicht ganz unähnlich, doch ohne Pfeil. Der eine legte gerade ein stumpfes Geschoss auf. Vermutlich wollten sie ihre Opfer nur betäuben, um ihnen später die Seele, das Leben oder was weiß ich auszusaugen.

Jetzt zog auch ich meinen Dolch, rappelte mich vorsichtig auf, blieb aber gebückt, dass sie mich nicht sofort erblickten.

„Waffen nach oben richten und schön still bleiben. Sonst seid ihr tot, das ist einer eurer Dolche!", fauchte ich sie nur halblaut an, da ich nicht wusste, ob mehr von ihnen in der Nähe waren. Auch Basaltar hatte sich erhoben.

Die beiden Fahlen blickten mich erschrocken an und an ihren Gesichtern sah ich, dass sie sich vor dem Dolch fürchteten.

„Geh, Sterblicher!", zischte der eine.

„Wir werden dich töten, Babe", fauchte der andere zischelnd.

„Ich werde euch beide töten, denn ich bin Ingo, der Hexenmeister vom Hexenberg, und kein Babe, sondern selber ein Fale!" Auch dieses Mal versuchte ich, das fehlende H möglichst zu kaschieren. „Und nun legt ihr langsam eure Waffen auf den Boden oder ich schlitze euch auf. Ihr wäret nicht die ersten anderen Fahlen, die ich töten müsste!" Ich verlieh meiner Stimme so viel Nachdruck wie möglich und versuchte, das helle Zischen ihrer Stimmen bestmöglich zu imitieren.

Sie blickten einander unsicher an, dann senkten sie die Geschosswaffen und legten sie auf dem Boden ab.

Just in dem Moment, als ich sie greifen wollte, vernahmen wir Minettes Aufschrei. Ich fluchte innerlich. „Scheiße!", sagte ich dagegen laut, griff die beiden Waffen, drückte die eine Basaltar in den Arm und rannte los.

Wie dicht der Nebel war und wie schlecht man sehen konnte, bemerkte ich beim Rennen, als ich schließlich ins Stolpern kam. Eben in dem Moment, als ich den Kontakt zum Boden verlor, weil mein Fuß noch unter einer Wurzel hing, erblickte ich eines der Pferde links neben mir aus dem Nebel auftauchen, obwohl es sich kaum rührte. Vor mir sah ich Minette von einigen kleineren Kerlen umringt. Den, der direkt vor mir war, sah ich nicht. Erst als sich seine Schlagwaffe in die Luft hob, bemerkte ich ihn und dann begrub ich ihn unter mir.

„Uff!", stöhnte der Trollander und blieb regungslos unter mir liegen. Er hatte meinen Aufprall gedämpft und so rappelte ich mich wieder auf.

„Eindringlinge! Ihr habt uns angegriffen. Wir standen hier ganz friedlich als zwei Dutzend von euch über uns herfielen", logen sie wie gewohnt.

Basaltar hatte sich einiger anderer angenommen, der Rest prügelte weiter auf Minette ein.

„Wir sind ganz friedlich!", schrien sie und schlugen wieder zu. „Hört auf, uns anzugreifen!"

Knapp vor mir ragte eine dieser Gestalten auf.

„Waffe runter!", blaffte ich sie lautstark an. „Sofort!"

Der Trollander vor mir drehte sich herum und schlug zu. Ich hielt mit dem Dolch dagegen und sein Unterarm rutschte gegen die Klinge. Um den winzigen Einschnitt bildete sich ein Tröpflein Blut.

„Ahhh! Ich sterbe! Ich wurde tödlich verletzt", schrie er und stürzte röchelnd zu Boden.

Die anderen Trollander stoben auseinander.

„Mord! Totschlag! Man will uns lynchen! Wir sind unbewaffnet", riefen sie, noch immer ihre Keulen wild über den Köpfen schwingend.

„Gut, dass ihr da seid, ich dachte, sie würden mich totprügeln", keuchte Minette und blickte sich ängstlich um.

Ihr Körper war mit blauen Flecken nur so übersät.

Doch bevor ich mich um andere kümmerte, griff ich mir den jammernden Trollander.

„Ich sterbe ... es ist eine tödliche Verletzung", heulte er. „Ich bin schon fast verblutet."

Ich packte in seine Haare, die sich anfühlten wie eine von einem Pferd zerkaute Fußmatte (und auch ähnlich aussahen) und zog ihn mit mir, was ihn noch mehr zetern und heulen ließ.

Skarn und Basaltar hatten Säcke mitgebracht – in einen davon stopfte ich die sich windende Gestalt.

„Ruhe oder ich schlitze dich auf", drohte ich und drückte ihn tief hinein in den Sack. Basaltar hatte den anderen, ohnmächtigen Trollander herangeschleppt und er wurde ebenfalls noch hineingestopft, bevor wir den Sack verknoteten.

Ich ließ mich neben Rosanella sinken, die noch immer ohnmächtig am Boden lag. „Rosanella? Geht es dir gut?", hauchte ich und gab ihr einen Kuss auf die Stirn.

„Aua! Da tut es weh", jammerte sie ein wenig gespielt.

„Oh! Wo tut es denn nicht weh?"

„Küss meine Lippen, du Halunke!", lachte sie, stöhnte noch einmal auf, weil sie sich zu schnell aufzurichten versuchte, und umarmte mich dann zu einem Kuss.

Als Nächstes widmete ich mich Kastania, die ebenfalls einen Kuss wollte, und ich war mir nicht mehr ganz sicher, ob die beiden die letzten Augenblicke ihrer Ohnmacht nicht einfach gespielt hatten. Nur das Pferd und Skarn verlangten nicht nach Lippenkontakt von mir. Was für ein Glück.

Wir rappelten uns auf. Bis auf einige blaue Flecken und leichtere Blessuren waren wir glimpflich davongekommen und noch bevor wir erneut aufsaßen, begann der Nebel sich zu lichten.

Ob die Fahlen für den Nebel verantwortlich waren?, fragte ich mich.

Endlich ging es weiter. Wieder stieg der Weg steiler an und schon bald war der Nebel völlig verschwunden. Von Fahlen und Trollandern weit und breit nichts zu sehen, genossen wir den Sonnenschein. Der Baumbestand begann sich zu verändern. Immer weniger Laubbäume wurden von mehr und mehr Nadelbäumen abgelöst.

„Ist es eigentlich noch sehr weit?", fragte ich Minette.

„Ja! Es ist noch sehr weit!", fuhr sie mich an und ließ das Pferd schneller vorantraben.

„Habe ich was Falsches gesagt?", wandte ich mich Rosanella

zu, doch die zuckte lediglich mit den Schultern.

„Sieh dort!", sagte sie stattdessen. „Da ist ein Gebäude!"

„Das ist der Hexenpfad!", rief Basaltar.

Für die letzten vielleicht zweihundert Meter ließen wir die Pferde schneller traben und kamen zu einem Gebäude, das schräg den Hang hinauf gebaut war. Die vordere Wand stand jedoch senkrecht und es gab eine Tür.

„Das ist der Hexenpfad?", vergewisserte ich mich und schwang mich vom Pferd.

„So heißt es. Hierhin kamen alle Gäste und hier begannen auch die Hexenmeister ihren Aufstieg", erklärte Skarn.

„Vielleicht geht es in den Berg hinein?", schlug Kastania vor.

Ich ging zur Tür, drückte die Klinke. Einmal, zweimal.

„Moment! Es gibt ja gar keine Klinke!" Ich sah mich um, doch auch ein Schloss war nicht zu sehen.

„Drück doch einfach mal", meinte Rosanella.

„Klar! Hier steht eine Tür seit 100 Jahren offen. Man muss sie nur aufdrücken. Aber natürlich geht das auch noch und sie fällt immer wieder zu nach all der Zeit. Und Eindringlinge gibt es auch nicht!", antwortete ich, doch mein Sarkasmus wurde überhört.

„Scheint wohl so. Jetzt drück doch mal!"

Ich grunzte verächtlich.

„Na, sicher!" Die Tür schwang auf, als ich leicht dagegen drückte. „Oh!" Ich schaute durch die Tür. Im Gebäude gab es nur wenig Licht, sodass ich zuerst einmal meine Taschenlampe hervorholte und sie einschaltete. Damit betrat ich den Hexenpfad. „Das ist ... ist das ... ? Das ist doch ...!" Ich deutete auf das metallische Objekt vor mir. „Das ist eine Straßenbahn!"

Es war ein Gefährt, ganz offensichtlich aus Metall. Es gab zwei Spuren von jeweils einer einzelnen Schiene. Auf der rechten stand die kleine Bahn, die linke war jedoch frei. Auf der anderen Seite des Gebäudes, ein Stück weiter oben, war ein großes doppelflügeliges Tor zu erkennen.

Kastania und Rosanella waren mir gefolgt.

„Eine richtige Straßenbahn? Wie in Bielefeld?"

„Ja, so ähnlich. Aber sie wird uns nicht helfen können."

„Wieso nicht?"

„Na, weil sie seit 100 Jahren hier ungenutzt herumsteht. Sie wird verrostet sein und nicht mehr fahren. Und woher sollte sie die Energie nehmen!" Ich inspizierte das Gefährt weiter, drückte eine der beiden Türen zur Fahrgastzelle auf. „Igitt! Spinnenweben!"

„Soll ich sie dir entfernen, mein Held?", lachte Rosanella.

„Bitte!"

Die Dorflauteste holte sich einen Stock, ging durch den Innenraum und befreite ihn weitgehend von den Weben, sodass auch ich mutig eintreten konnte.

„Mmmmh, ich sehe nichts zum Steuern. Nur dieses Seil hier, das scheint mir zum Ziehen!"

„Wir sollten uns von den anderen verabschieden, bevor wir es ausprobieren", meinte Kastania und hatte damit auf jeden Fall recht, auch wenn ich nicht davon ausging, irgendetwas mit dem Seil bewirken zu können.

Basaltar, Skarn und Minette standen noch vor der Tür.

„Ich will mit, den Hexenpfad empor", jammerte das Mädchen.

„Das geht nicht, wir haben deiner Mutter ...", begann ich und blieb ungehört.

„Darf ich mit, Rosanella?", fragte die kleine Dunkelhaarige.

„Nein, Minette, das geht nicht!", entgegnete die Dorflauteste.

„Wieso nicht?"

Ich räusperte mich. „Weil es da oben ..."

Rosanella achtete nicht auf mich. „Es ist zu gefährlich, du bist nicht an der Waffe ausgebildet und wir haben auch keine Waffe für dich."

Minette sah sich hilfesuchend um. Aber die anderen stimmten Rosanella zu. So ritt sie mit Skarn, Basaltar und unseren drei Pferden zurück, warf uns noch ein paar traurige Blicke zu und hob die Hand zu einem letzten Gruß, bevor sie verschwand.

Der Flug auf dem Hexenberg

Sah man einmal von den beiden Gleisen ab, die jeweils nur aus einer einzelnen Metallschiene bestanden, einer Art Monorail, wie es im Dingel-Dangel-Denglisch genannt wird, und der Bahn, die nur aus einem einzigen Wagen bestand, war das Gebäude recht leer. Dennoch schien es an sich intakt zu sein, denn es gab keine Risse oder Löcher in Wänden oder Decken, nur jede Menge von Spinnennetzen in den Ecken. Ich blickte mich um, aber mit Ausnahme der Spinnenweben fand ich nichts Weiteres in diesem Raum.

„Los, wir steigen ein und ziehen am Seil", schlug Rosanella vor.

„Tja, was anderes bleibt uns nicht übrig. Allerdings klemmt das Tor, wir haben es ja nicht aufbekommen. Selbst wenn sich die Bahn in Bewegung setzen würde und ich prophezeie, dass sie das nicht tut, kämen wir nicht heil aus diesem Gebäude heraus", erinnerte ich sie.

Die beiden Damen ließen sich nicht beirren, stellten ihre Rucksäcke auf den Boden, legten ihre Speere daneben und nahmen Platz. Ich stellte meinen Rucksack neben ihnen ab und ein wenig beneidete ich sie um ihre Speere. Ich hatte nur den Dolch, den zwar alle fürchteten, der aber viel schwerer zu führen war als ein Speer. Und ich bereute es langsam, nicht mit ihm trainiert zu haben.

„Okay, festhalten, es geht los!", scherzte ich, zog am Seil und spürte einen Ruck durch den Wagen gehen. Die Wagentüren schwangen zu und dann setzte sich das Gefährt in Bewegung.

„Verdammt, die Türen!", fluche ich, was vollkommen unnötig war, denn das Tor schwang ebenfalls auf und so passierten wir den Ausgang und sahen eine Schneise mit zwei Gleisen, die den Berg hinaufführte. Jetzt fiel mir auch auf, dass sich doch jemand um die Bahn gekümmert hatte. Nicht nur, dass sie losgefahren war, nein, die Gleise sahen völlig intakt aus und kein Pflänzchen außer dem Gras kam auch nur in die Nähe der Fahrspur.

Zuerst ruckelte es ein wenig, doch dann wurde die Fahrt ruhiger und schneller und schon bald lag der kleine Bahnhof, nichts anderes war es, einige Hundert Meter hinter uns, wurde immer kleiner und verschwand bald hinter einer Kurve. Die Strecke wurde steiler und die Bahn fuhr in einem langen geschwungenen Bogen um den Hexenberg herum. Zuerst gab es noch ein paar Bäume, doch auch die wurden immer weniger, und schließlich blieben nur noch kleine Pflanzen unsere Begleiter und immer mehr offener Fels trat hervor.

Nach einigen Kilometern, wie ich schätzte, kam uns die andere Bahn aus der Gegenrichtung entgegen. Sie schien leer zu sein, und ich vermutete, dass beiden Bahnen immer gleichzeitig fuhren.

„Ob wir die Hälfte hinter uns haben?" Meine Frage war rhetorischer Natur, konnten Rosanella und Kastania die Antwort genauso wenig wissen wie ich selber.

„Ich bin noch nie Straßenbahn gefahren", offenbarte Kastania.

„Im Grunde ist es mehr eine Bergbahn. Wir haben hier ja keine Straße, aber natürlich ist es ähnlich."

„Egal ob Bergbahn oder Straßenbahn, beides ist für mich neu!"

Rosanella sah aus dem Fenster und blickte auf die Ebene unter uns. Wir mussten fast die Nordseite des Hexenbergs erreicht haben, denn von der Nordebene war nur hinter uns noch etwas zu sehen. Das, was wir nun sahen, war Wald. Endloser Wald und einige kleine Berge am Horizont.

Die Bahn fuhr weiter herum und bald blickten wir gen Osten. Dort sahen wir einen anderen hohen Berg.

„Der Brocken", erklärte die Dorflauteste. „Dort, wo die Hexen noch heute tanzen!"

„Ich dachte, es gäbe keine Hexenmeister mehr!" Ich erinnerte mich, wie mir berichtet worden war, dass die letzte Hexenmeisterin vor über hundert Jahren gelebt hatte.

„Hexen, nicht Hexenmeister!"

„Ja", stimmte Kastania zu, „Hexen sind etwas anderes!"

„Sind sie bösartig und gefährlich?", forschte ich nach.

„Nein, nein. Die meisten sind freundlich! Wenn es auch ein paar boshafte oder bösartige Hexen geben mag, so sind die meisten jedoch hilfreich und gut!"

Der Zug fuhr weiter, wir passierten die Wolkendecke und obgleich es im Fahrgastraum angenehm war, begann ich wieder zu frösteln. *Wie kalt es wohl draußen sein mag*, fragte ich mich.

Wir passierten eine Stelle, die fast wie eine Haltestelle aussah, doch die Bahn fuhr weiter nach oben und dann sahen wir die Endhaltestelle. Ein Gebäude wie auch unten, mit einem Tor, das sich für uns öffnete. Dann fuhren wir ins Dunkel. Doch just als sich das Tor hinter uns schloss, ging eine einzelne

Laterne an, in der eine kleine Flamme brannte, die uns wenigstens etwas Licht spendete.

„Habt ihr jemanden gesehen?", flüsterte uns Rosanella zu, doch Kastania und ich schüttelten die Köpfe. „Wir müssen vorsichtig sein, es heißt, dass die Fahlen nun hier umgehen. Wenn sie uns erwischen und umstellen, haben wir schlechte Karten – ob wir nun Dolche haben oder nicht!"

Erst jetzt erinnerte ich mich wieder an die Geschosswaffen. Basaltar hatte sie in einen Sack gepackt, als ich mich um Rosanella und Kastania gekümmert hatte. Ich hatte versäumt, sie genauer zu untersuchen. Vielleicht hätten sie sich als nützlich herausgestellt, doch es war zu spät zum Hadern.

Als die Bahn hielt, stiegen wir aus, sahen uns noch einmal um. Es gab mehrere Laternen, doch nur eine war entzündet worden, als wir eingefahren waren. Vermutlich war es eine Gaslaterne, die sich selbst entzündet hatte. Erstaunlich, dass überhaupt eine davon brannte. Wir waren allein im Gebäude und es gab nichts, was uns weiter interessiert hätte. Auch hier war eine Tür und an einer Stange auf der Innenseite zog ich sie vorsichtig auf.

Wir blickten auf eine ansteigende Wiese ohne eine Spur der Fahlen zu sehen.

„Vorsichtig", mahnte Rosanella und lugte hinaus. „Seht mal!" Sie deutete nach rechts und dort sahen wir es: Eine Art Burg, die sich hoch hinaus erhob, mit hohen Türmen, Wehrmauern und vermutlich gleich mehreren Gebäuden im Inneren der Mauern. „Ob wir dort die Fahlen finden?"

„Ich würde sagen", sagte ich, wie ich es nicht nur tun würde, sondern sogar tat, „lasst es uns herausfinden!"

Wir schauten nach rechts, wir schauten nach links, um die Ecke des Bahnhofs, hinter das Dings ...

„Könntest du bitte mit dem Reimen aufhören? Das lenkt mich gerade etwas ab", maßregelte mich Rosanella tadelnd.

„Ja, ist ja gut!" Also, was ich sagen wollte: Wir sahen uns genau um und dann liefen wir geduckt über die Wiese, bis wir einen großen Stein fanden, hinter dem wir uns verbergen und erneut umsehen konnten. Stück für Stück ging es höher hinauf zur Burg, doch es gab nur wenige Stellen, an denen wir uns verstecken konnten. Wir sahen keine Bewegung, sah man einmal von ein zwei Vögeln ab, die über unsere Köpfe hinfortflogen. Fahlen jedenfalls bekamen wir nicht zu Gesicht, bis wir das Tor erreichten, durch das man den Innenhof betreten konnte.

Das Tor stand offen und der Innenhof schien leer. Von hier aus gab es eine Stallung zur Linken, ein kleines Wohngebäude zur Rechten, dahinter schien eine Schmiede zu liegen. Geradeaus lag das eigentliche Hauptgebäude mit dem höchsten Turm, der sich steil hinauf in den Himmel reckte. Kein Wunder, dass wir diese Burg von unten nicht gesehen hatten. Sowohl links als auch rechts erhoben sich hohe Felsen.

Wir schritten weiter auf den Hof, blickten uns um, doch er wirkte wie verlassen. Das zweite Gebäude auf der Rechten offenbarte sich als eine Art von Handwerkshaus. Neben der Schmiede sah man, schaute man um die Ecke, auch eine Tischlerei und eine Gerberei. Alle drei machten den Eindruck, als seien sie seit einiger

Zeit nicht mehr in Gebrauch. Hinter der Stallung, auf der linken Seite, zeigte sich noch ein weiteres Gebäude, das man zur Hälfte in den Fels geschlagen hatte, wie es aussah.

„Sollen wir alle Gebäude durchsuchen?", fragte Kastania und blickte zu mir und Rosanella.

Rosanella sah sich um.

„Wenn, dann werden wir das nur noch flüchtig machen können. Die Sonne wird bald untergehen, wenn ich das richtig sehe. Und die Felsen nehmen schon jetzt viel vom Licht. So weit ich mich mit Fahlen auskenne, werden sie herauskommen, sobald es dunkel wird."

„Heute Morgen war es auch nicht dunkel, als sie uns überfallen haben", erinnerte ich sie.

„Das stimmt. Aber bedenke den Nebel. Ich glaube, sie haben ihn erzeugt, und auch waren sie nur innerhalb des Nebels unterwegs. Ich glaube nicht, dass sie endlos Nebel erzeugen können und ich bezweifele, dass sie jemals ans Sonnenlicht treten!"

Ich nickte. „Da magst du allerdings recht haben. Fragt sich nur, wo wir besser aufgehoben sind, wenn es dunkel wird. Wenn wir direkt ins Hauptgebäude gehen, mögen wir ganz schnell umzingelt sein. Wer weiß, wo sie herkommen! Wenn wir uns in der Scheune verstecken ..."

Kastania schüttelte den Kopf. „Der Legende nach können sie Baben wittern, ja alle Menschen."

Einen tiefen Atemzug lang überlegte ich.

„Okay, dann haben wir zwei Möglichkeiten. Wir gehen zurück zur Bahn und gehen noch einmal herauf, wenn sie herauskommen, oder wir gehen direkt dort hinein – vermutlich gibt es eine große Halle, in der wir uns exponiert präsentieren können."

Die beiden Babinnen blickten einander an.

„Hast du einen Zauber, der uns schützen kann?", fragte Rosanella schließlich.

„Den habe ich!" Ich grinste sie selbstsicher an, obwohl ich keine Ahnung hatte, ob es funktionieren würde. Aber zu irgendetwas musste das, was ich noch in meinem Rucksack hatte, ja gut sein.

Wir gingen in das Hauptgebäude und tatsächlich gab es eine große Eingangshalle mit Treppen, die im Rund hinaufführten, eine Galerie um den ganzen Raum herum, zahlreiche Türen und eine große Pforte, die offen stand. Durch sie sahen wir einen Saal und in den gingen wir.

Kastania schickte sich an, Feuer in einem der vier Kamine zu schüren, Rosanella und ich blickten in die Nachbarräume. Wir fanden eine Küche und dort Brot, das recht frisch sein musste, Wein und Wasser. Alles drei nahmen wir mit und bald hatten wir uns gemütlich eingerichtet.

Beiden drückte ich eine der drei Dosen in die Hand.

Wieso hatte ich eigentlich drei mitgenommen? Hatte ich schon vermutet, dass wir zu dritt sein würden?

Die beiden Frauen lauschten, als ich erklärte, was sie tun müssten und worauf sie achtgeben sollten.

Schnell wurde es dunkler und es dauerte nicht mehr lange, da war das einzige Licht das Feuer im Kamin. Das Knacken des lodernden Holzes war das einzige Geräusch während die Sonne versank, doch dann kamen die Stimmen.

Ich legte die Fernbedienung der Taschenlampe vor mich. Die Lampe selber steckte zwischen meinen Beinen. Ich hatte sie kurz ausprobiert, um sicherzustellen, den gewünschten Effekt zu haben.

„Was macht ihr hier?", fauchte der erste Fahle, der den Saal betrat. Doch er war nicht alleine. Einer nach dem anderen kam herein und auf uns zu und auch sie sprachen zischend und fauchend. „Ihr habt hier nichts verloren!" – „Wir werden eure Seelen kosten!"

„Stopp!", rief ich so laut ich konnte, mit tiefer, rauer Stimme. „Das ist mein Berg! Verschwindet hier!"

„Lasst sie uns kosten", schrie einer der Fahlen.

Die Stimme machte für mich den Eindruck, dass es eine weibliche Fahle sein mochte, falls es so etwas bei den Fahlen gab.

„Lumen!" Ich drückte den Knopf der Fernbedienung und mein Gesicht wurde von einem kalten, grünlichen Licht erleuchtet, sodass ich selber fahl und kränklich aussah. „Was sucht ihr hier auf meiner Burg?"

Jetzt zögerten sie und ich nahm an, dass sie ein solches Licht nicht kannten und nicht damit gerechnet hatten, jemanden zu sehen, dessen Gesicht derart aufleuchten würde.

„Wer bist du?"

„Ich bin Ingo, der Fale, Hexenmeister des Berges und Herr über diese Burg!" Ich rollte das R in Burg besonders stark und betonte den Rest möglichst rau und gepresst, so wie die Fahlen selber sprachen.

„Du bist kein Fahle!"

„Schweig!", schrie ich den an, der gesprochen hatte. „Ich bin nicht ein Fahle – ich bin *der Fale!*", donnerte ich. „Und ihr habt mir zu gehorchen!" Ich trumpfte ganz schön dick auf, aber meine Worte hatten eine gewisse Wirkung. „Ihr werdet mir jetzt sagen, was ihr hier in meiner Feste sucht!"

Die Fahlen blickten einander unsicher an.

„Wir wurden vertrieben von einem Geist aus alter Zeit. Von einer Gottheit der Finsternis. Sie hat sich unsere Festung zum Leben gesucht und nun nehmen wir diese!"

Rosanella zischte ungläubig. „Die haben vor etwas Angst?"

„Wer ist dieser Geist?", hakte ich laut nach, nun weniger zischend doch dafür herrischer und voller Nachdruck.

„Sie ist einer der alten Götter, Agni nennt sie sich oder Alpan!"

Ich überlegte kurz und bluffte.

„Mein Schwester ist zurück? Und sie haust bei euch?"

„Deine Schwester?", nun begannen die Fahlen wild einander anzublicken, ungläubig und doch unsicher.

„Und da kommt ihr in *mein* Haus?" Ich ließ die Farbe wechseln, die nun über Violett zu Rot changierte, bevor ich die Farbveränderung wieder blockierte. „Ihr wagt es, in *mein* Haus zu kommen, nachdem euch *meine* Schwester verjagte?"

Die vordersten Fahlen wichen zurück, doch dann meldete sich eine eiskalte Stimme von hinten und eine fahle Gestalt trat vorher.

„Beweise es!"

Zum ersten Mal sah ich eine der hinteren Gestalten völlig deutlich und diese war ganz offensichtlich weiblich und völlig anders als der Rest. Sie strahlte eine kalte Schönheit aus, mit langem weißen Haar, dunklen Augen und einem Mund, der sich dunkel gegen den Rest ihres schlanken Gesichts absetzte.

Sie hob ihre Hände und man konnte die langen, schlanken Finger sehen. Sie trug ein Kleid und sie hatte eine sehr menschliche Figur. Aber ihre Zähne und die raubtierhaften

Augen, ihre Bleiche und das anämische Leuchten ihrer Haut offenbarten, dass sie alles andere als menschlich war.

Ich dimmte das Licht herunter bis es ausging und erhob mich dann. Den Dolch griffbereit und die Dose in der anderen Hand trat ich näher.

„Wer bist du?"

„Lulila ist mein Name, Nachtprinzessin der Fahlen!"

Eine weiterer Fahle trat hervor und positionierte sich neben Lulila. Von androgyner Gestalt vermochte ich kaum zu sagen, ob Männlein, Weiblein oder anderer Art.

„Ich bin Mithocht, Nachtprinzessar der Fahlen!", verkündete er oder sie.

Dann kam noch eine dritte Erscheinung. Diese war definitiv männlich.

„Ich bin Pe-Kar, Nachtprinz der Fahlen", reihte er sich ein und alle drei sahen mich dünkelhaft an.

„Ich werde euch euer Heim wiederbeschaffen – aber ihr werdet dann sofort dorthin zurückkehren. Keine Überfälle, kein Verweilen auf dem Hexenberg. Ist das klar?"

„Du", sagte Mithocht, „hast keine Macht!"

„Dann komm her!", schlug ich vor. „Wenn ich keine Macht habe, hast du ja nichts zu befürchten!" Obwohl mir unwohl zumute war und meine Beine deutlich zitterten, lächelte ich ihn provokant an.

Mithocht kam näher. „Ich werde mir deine Seele einverleiben", zischte er oder sie oder es.

Prinzessar? Was sollte das überhaupt bedeuten?

Plötzlich sprang er vor, um nach mir zu greifen. Kastania erschrak hinter mir, doch ich hob die Dose und drückte das kleine Knöpfchen. Ein feiner brauner Nebel legte sich über den Fahlen und er blickte mich erschrocken an, kniff dann die Augen zusammen und schrie in einem brutalen Schmerz auf, der seinen Körper erbeben ließ.

Ich sprühte noch einen Moment weiter, um möglichst viel von ihm einzudecken, dann senkte ich die Dose so, dass ich sie schnell erneut einsetzen konnte.

Die anderen Fahlen wichen zurück, als Mithocht stürzte. Er wandte sich von mir ab, kroch davon und reckte seine Hand flehend zu den anderen. Ich trat über ihn, zog den Dolch, ging in die Knie und setzte ihn an seiner Kehle an.

„Nein! Warte!", schrie Lulila.

„Wir wollen reden", versicherte mir Pe-Kar.

„Ach? Auf einmal wollt ihr reden? Dann sprecht. Ich bin begierig darauf, sein Blut zu kosten. Also schnell", fuhr ich sie an.

„Was hast du mit ihm getan?" Lulila blickte erschrocken auf Mithocht.

„Ich habe ihm die fahlen Kräfte geraubt", lachte ich und musterte die wimmernde Gestalt, der ich noch immer den Dolch an die Kehle hielt, abfällig. „Möchtet ihr noch eine Demonstration?"

„Nein, nein! Diese eine reicht völlig, wir glauben dir", entgegnete die Nachtprinzessin.

Die Dorflauteste trat näher zu mir. Ich konnte ihren Herzschlag spüren und die Angst, die sie ausdünstete.

„Sie lügt", flüsterte sie mir ins Ohr. „Sie ist nicht überzeugt!"

„Pass auf Mithocht, den ehemaligen Nachtprinzessar, auf", sagte ich laut zu Rosanella, die ihren Dolch nahm, während ich mich erhob, und mich ablöste.

Ich ging näher auf die anderen zu. Fast alle wichen zurück, nur Lulila und Pe-Kar und zwei weitere, die jedoch weniger menschlich wirkten, blieben an Ort und Stelle. Ich lächelte noch einmal, ließ meinen Blick schweifen und sprang vor.

Entsetzt schrie der eine, der nicht hatte weichen wollen, auf, als ich ihn benebelte. Und auch er stürzte. Seine fahle Hautfarbe verblasste, wie auch der Schimmer, der ihn umgeben hatte.

„Ich glaube dir nicht, Lulila!", fauchte ich wild. „Und ich glaube, ich muss ein Exempel statuieren!"

Jetzt schauten auch die beiden verbleibenden Fürsten unsicher.

„Es ist gut. Wir haben verstanden", verkündete Lulila. „Hilf uns und wir werden zurückkehren!"

Ich sah mich um. Fast alle hatten sich an die Wände gedrückt und einige waren in die Nähe des Ausgangs gerückt. Das gefiel mir schon viel besser.

„Ich werde euch euer Heim zurückgeben, aber ihr bleibt solange hier auf der Festung! Keine Ausflüge den Berg hinunter, bis ich wieder da bin. Und diese beiden nehme ich mir mit!"

„Das geht nicht, sie würden bei Tageslicht verbrennen!", erschrak Pe-Kar.

„Und wie das geht", entgegnete ich bestimmt. „Und nun raus aus meiner Halle! Ich will keinen von euch mehr hier sehen oder ich werde anfangen, euer Blut zu trinken!"

Sie verließen die Halle viel schneller, als sie hereingekommen waren, und sie sahen viel ängstlicher aus. Mithocht und den anderen behielten wir bei uns. Wir zogen sie zum Feuer und fesselten sie mit einigen Lederschnüren, die Rosanella in ihrem Rucksack mit sich führte, an zwei schwere Stühle. Beide sahen elend aus.

„Wie heißt du?", fragte ich den zweiten Fahlen.

„Urach", kreischte er. „Lass' uns gehen! In der Sonne müssen wir sterben!"

„Urach – Mithocht – Ich alleine entscheide, ob ihr sterben werdet oder nicht", verkündete ich. „Und gerade ist euer Wert gering!"

Ich sah die Angst der zusammengesackten Gestalten. Der fahle Teint war völlig verschwunden.

„Was ist in den Dosen?", fragte Kastania schließlich, als wir uns zu dritt von den beiden gelöst und unser Nachtlager aufgeschlagen hatten.

„Schnellbräuner!", gähnte ich und schloss meine Augen, um sofort einzuschlummern.

Rosanella und Kastania weckten mich mit Küssen.

„Das hast du sehr gut gemacht", lobte mich die Dorflauteste. „Wir leben noch und wir haben zwei Gefangene. Aber wie bringen wir sie hier heraus? Ich glaube, dass sie uns die Wahrheit sagten und sie wirklich nicht in das Licht der Sonne dürfen."

„Du hast doch noch die Säcke zum Fangen der Trollander?" Ich deutete auf ihren Rucksack. Ich wusste, dass sie einige mitgenommen hatte. „Ich glaube, die sind recht lichtundurchlässig und siehe dir die Fahlen an: Sie sind ganz klein geworden.

Ich glaube, dass wir die beiden zur Bahn tragen können."

„Aber wie transportieren wir sie, wenn wir unten angekommen sind?", hakte Rosanella nach.

Eine gute Frage. Ich hatte noch keine Antwort.

„Jemand von uns holt ...", begann ich, doch Kastania unterbrach mich.

„Wir fliegen!" Kastania sah uns beide an, als sei es die einfachste Sache der Welt.

„Und wie machen wir das?"

„Genau? Wenn der Hexenmeister es nicht kann, ich hab' es auch nicht gelernt!" Rosanella kniff die Augen zu und rümpfte ihr hübsches Näschen.

„Aber der Hexenmeister kann das", behauptete Kastania, was für mich doch sehr überraschend kam. „Früher flogen die Hexenmeister angeblich zwischen den magischen Bergen hin und her. Es gab den Hexenberg, den Brocken, den Mitsommerberg im Norden und auch die Nachtspitze."

„Und das hilft euch wie?"

„Wie heißt denn das Dorf der Fahlen beziehungsweise ihre Festung?"

„Nachtfeste", erinnerte sich Rosanella und sah mich an. „Wie sie auch Nachtprinzen heißen. Und ja, wir nennen den Berg auf dem sie leben nur noch Spitze, aber eigentlich heißt er Nachtspitze!"

„Richtig!" Kastania nickte heftig.

„Ihr meint: Früher konnten die Hexenmeister vom Hexenberg zur Nachtspitze fliegen?", fragte ich vorsichtig nach.

„Genau!"

„Und sagen eure Geschichten auch, wie sie das gemacht haben?"

Die beiden blickten einander an.

„Auf dem Rücken eines Drachen", erklärten sie mir schließlich einstimmig.

„Ähm ... Drachen? Ich habe jetzt allerlei Unglaubliches gesehen. Aber wenn ich meinen Lesern schreibe, ich wäre auf einem Drachen geritten – nein, das glaubt mir niemand!"

„Lass' uns doch erst einmal suchen, wo die Drachen sind. Vielleicht in einer Höhle oder in der höchsten Kammer des Turmes und dann kannst du sie immer noch in Zweifel ziehen, wenn du sie mit eigenen Augen siehst!" Rosanella grinste mich frech an.

Tja, liebe Leser, ich ritt auf dem Rücken eines Drachen. Sie glauben mir nicht? Warten Sie es ab! Sie werden es schon noch glauben!

Wir durchsuchten die gesamte Festung und alle Gebäude und verbrachten damit Stunden. Tatsächlich waren die Stallungen mehr für Pferde gedacht und weniger für Drachen. Das Haus der Handwerker war nichts anderes, als es vorgab zu sein, und ich war mir recht sicher, dass vor wenigen Wochen hier noch Leute gearbeitet hatten, aber nun fanden wir keine Spur von ihnen. Waren das diejenigen, die dafür sorgten, dass die Bahn noch fuhr?

Das Haus vor dem Haus der Handwerker war eine Art Gesindehaus mit zahlreichen Zimmern. Dann gab es noch das in den Fels geschlagene Haus, das sich als eine große Bibliothek entpuppte, und hier fanden wir den ersten Hinweis: *Das große Buch der Drachen* lag dort aufgeschlagen auf einem der Lesepulte und ich musste nur wenige Seiten blättern, um davon zu erfahren, dass die Hexenmeister Drachen genutzt hatten, um von Berg zu Berg zu fliegen. Und wir würden das auch tun. Das Buch enthielt Zeichnungen davon, wie man die Drachen bestieg, von wo sie starteten und wie sie flogen. Rosanella hatte Recht behalten. Die Drachen mussten sich im obersten Zimmer des hohen Turmes befinden, den wir schnell erklommen.

Ich sprang flugs die Treppen hinauf (bis ich etwa zwei Umrundungen hinter mich gebracht hatte), eilte dann weiter, wurde langsamer und schließlich, nach dreißig Umrundungen und über einhundertfünfzig Meter Treppe, kam ich ächzend und stöhnend an.

„Wasser! Wasser!", bettelte ich nach Luft japsend und war verwundert, wie fit die Dorflauteste oben auf uns wartete, während wir anderen auf allen vieren krochen.

„Was heißt hier *wir anderen*? Ich musste nicht auf die Knie sinken", patzte mich Kastania an.

Wie ich dieses Mitlesen hasse!, dachte ich so leise, dass sie es nicht mitbekamen.

„Bekam ich doch und es ist mir egal. Jetzt rappele dich auf, trink einen Schluck und berichte den Lesern weiter!"

„Ist ja gut", maulte ich und nahm dankend meine Trinkflasche entgegen, die Rosanella für mich aus meinem Rucksack geangelt hatte.

Dort standen sie, Feuerdrachen, Eisdrachen, Luftdrachen, in

Reih und Glied, wunderschön verziert und zusammengeklappt. Der Zustand schien tadellos, die Bespannung war stabil, ohne Riss und die Rahmen sahen sehr gepflegt aus. Ich legte das Große Buch der Drachen auf ein Lesepult und wir vollzogen Schritt für Schritt nach. Schließlich wählten wir einen Drachen, falteten ihn nach Anleitung auseinander und prüften ihn.

„Wenn ich das richtig sehe, dürfte dieser für maximal drei Personen sein. Ich glaube, wir werden zusammen mit unserem Gepäck zu schwer", überlegte Kastania und verglich den Aufbau mit der Zeichnung im Buch. „Aber es gibt auch Drachen für vier Personen."

Rosanella prüfte die Zeichnung und schritt dann alle Drachen ab.

„Ein Monddrachen mit Sternenzeichnung auf der Haut. Wenn das nicht passend ist, weiß ich es auch nicht. Und das Beste: Platz für vier Personen!"

Gemeinsam zogen wir den Drachen heraus, nachdem wir den ersten zurückgeschoben hatten. Es dauerte etwas, ihn zu entfalten und das gesamte Gestänge zu fixieren. Dann begutachteten wir die einzelnen Bauteile und Zugseile Stück für Stück und kontrollierten die Funktion. Schließlich legten wir Gurte an, mit denen wir uns am Gestänge einklinken konnten, um nicht in die Tiefe zu stürzen. Wir mussten das Gepäck am oberen Teil des Rahmens anbringen, direkt unterhalb der Flügel, und zwar so, dass die Teile möglichst wenig Windwiderstand boten, weswegen wir den Sack mit den beiden Fahlen vorn und hinten anknoteten, um ihn möglichst lang zu strecken. Auf die andere Seite kamen unsere Rucksäcke.

„Und wirst du ihn fliegen oder soll ich das tun? Und wie nehmen wir Platz?", wollte die Dorflauteste schließlich wissen.

„Es gibt vier Plätze: zwei in der Mitte hintereinander, rechts und links jeweils einer. Kastania ist die Leichteste. Sie muss auf die Seite mit den beiden Fahlen", überlegte ich.

„Ich werde den Drachen steuern", entschied Rosanella laut und bestimmend, womit die Diskussion beendet war.

Wir öffneten das große Tor, das eine Art Zugbrücke war (nur, dass auf der anderen Seite ein Abgrund auf uns wartete), die uns als Anlauf dienen würde. Ich klinkte mich also auf der rechten Seite in das Gestänge, Kastania auf der Linken und Rosanella prüfte noch einmal das Buch, bevor sie nach vorn in die Mitte ging, sich dort festmachte und wir gemeinsam Anlauf nahmen. Wir hoben den Drachen an und im Gleichschritt, angezählt von Rosanella, ging es über die Zugbrücke, bevor wir im letzten Moment absprangen. Ich schloss die Augen und befürchtete einen Moment lang, wir könnten abstürzen – doch dann ging es steil hinunter. Der Drachen stürzte dem Boden entgegen. Rosanella riss an den Seilen, zog den Schweif des Drachen herum und plötzlich mit einem Ruck stiegen wir wieder. Wir mussten den Wind um den Berg nutzen, um aufzusteigen. Unsere Steuerfrau hielt einen gewissen Abstand zu den Felswänden, ließ den Drachen aber so eng wie möglich steigen, bis wir die Feste Hunderte von Metern unter uns gelassen hatten.

„Auf zur Nachtspitze!", schrie sie.

Sie steuerte nach Südosten, wo wir ein gewaltiges Bergmassiv ausmachten. Ich überlegte einen Augenblick. Ich kannte weder

den Hexenberg, noch die Nachtspitze. Sie war sicher viele Kilometer weit entfernt, aber dort, wo wir sie sahen, wusste ich von keinem Gebirge – schon gar nicht von so einem gewaltigen Massiv. Ich nahm mir vor, die beiden Frauen danach zu fragen, sobald wir ankamen. Die Nachtspitze lag näher, als ich zuerst vermutet hatte, und wir flogen schneller als erwartet. Wir waren gegen Mittag gestartet und nach vielleicht einer Stunde, mir war kalt und ich kontrollierte immer wieder, ob ich den Lendenschurz mittlerweile verloren hatte, schwenkte Rosanella um den Berg und wir suchten das Dorf der Fahlen. Lange mussten wir nicht danach forschen. Ein hoher Turm, eine Festung und zahlreiche seltsame Gebäude darum herum ließen uns klar erkennen, wo wir zu landen hatten.

Die Festung lag viel tiefer als die auf dem Hexenberg und der Turm war längst eingestürzt. Dafür gab es vor der Siedlung große Wiesenflächen, auf denen wir landen konnten.

Der Hort der Fahlen

„Ich glaube, ich werde sterben", ächzte ich in den letzten Atemzügen.

„Du übertreibst!", behauptete Rosanella genervt. „Das war ja wohl ein perfekter Flug und eine beinahe perfekte Landung. Dieser wundervolle Bogen, den ich flog, bis direkt vor das Tor, nicht einfach unten auf der Wiese – nein, ich verkürzte den Weg weitgehend. Und dann eine schnelle, gekonnte Bremsung und schon standen wir."

„Ich glaube, ich huste Blut!" Ich hustete einmal testweise und hielt Rosanella die Hand vors Gesicht.

„Da ist kein Blut!"

„Aber da könnte Blut sein!" Darauf musste ich bestehen. Gut, da war kein Blut, aber es hätte da sein können. „Und meine beiden Beine sind gebrochen. Drei- oder viermal!"

„Das ist höchstens ein Kratzer!"

Kastania stöhnte laut neben mir.

„Sind wir tot?"

„Wir sind *nicht* tot!", schrie Rosanella genervt und machte dabei ihrem Namen als Dorflauteste alle Ehre.

„Ich sehe ein Licht!" Kastania krächzte etwas, hob die Hand, um ihr Gesicht von dem Licht abzuschirmen. „Es geht zu Ende!"

„Das ist die Sonne!" Rosanella stapfte wütend umher und sammelte die Teile des Drachens ein.

„Da ist eine Wiese zum Landen!", hatte ich der Pilotin zugerufen und Rosanella war tiefer gegangen.

Sie hatte scheinbar eine elegante Kurve hinlegen wollen, um dann sanft abzubremsen, indessen war der Schwung zu groß gewesen. Obgleich wir dann bergauf gesegelt waren, hatte der Abstand zum Boden lediglich in geringem Maße abgenommen, denn auch der Drache war parallel zum Boden hochgezogen.

„Wir fliegen auf die Wand zu!" Kastanias Schrei hatte entsetzt geklungen. Besagte Wand war die große Wehrmauer der Festung gewesen, derweil wir bereits über die ersten eigentümlich anmutenden Gebäude geflogen waren.

„Keine Angst, ich habe alles im Griff!", hatte Rosanella behauptet und links und rechts gezogen. Damit hatte das Trudeln begonnen und wir waren kurzzeitig überkopf geflogen.

Die gekonnte Bremsung war der Moment gewesen, als wir gegen die Wehrmauer gekracht waren.

„Du übertreibst ein wenig!", schmollte meine kleine Babin nun.

„Großmutter?", stöhnte Kastania. „Soll ich ins Licht gehen?"

„Jetzt hört auf! Ihr lebt noch – ich lebe noch und der Drache ist noch beinahe heil!" Sie schleuderte ein gebrochenes Teil des Gestänges fort.

Wir brauchten einen Moment, um uns aufzurappeln. Tatsächlich war mehr oder weniger noch alles dran. Ich war vielleicht blutüberströmt ...

„Das sind *Kratzer!*"

„Na, ich sagte vielleicht, nicht, dass ich wirklich blutüberströmt bin!"

„Oh, Mann!"

... vielleicht aber auch nicht. Jedenfalls schmerzten meine Beine vom Aufprall und auch Kastania sah leicht ramponiert aus.

„Aber ich sehe immer noch verdammt gut dafür aus, dass ich beinahe gestorben bin!", warf Kastania ein.

Ja, damit hatte sie nicht unrecht!

„Jetzt ist es gut, ihr beiden! Wir leben! Vielleicht war die Landung weniger perfekt als Start und Flug, aber im Grunde ist doch alles gut gegangen. Und sollten die kleinen Kratzer am Drachen schlimmer als erwartet sein, müssen wir uns halt einen anderen suchen!" Rosanella schob den komplett zertrümmerten Rahmen zur Seite, wobei das Holz den Stoff des Flügels durchbohrte. „Gut, jetzt hat er eine Beschädigung!"

„Völlig zerstört würdest du als Beschädigung bezeichnen?"

Rosanella sah mich liebreizend an und nickte. Dann setzte sie wieder ihre schreckliche Miene auf, packte ihren Rucksack und zog ihn mit sich.

„Kommt und bringt die Fahlen mit!"

Obwohl die Fahlen stöhnten, schauten wir nicht nach, wie es ihnen ergangen war. Bei Tageslicht wäre es ihnen wohl nicht gut bekommen. So schleppten wir den Sack zwischen uns und folgten Rosanella, die ihrerseits nun Kastanias Speer trug (neben ihrem eigenen), damit Kastania die Hände für den Sack freihatte.

Die Häuser der Fahlen waren schlank, ungleichmäßig und liefen nach oben zu Spitzen zusammen. Jedes einzelne Haus war weiß und völlig ohne Fenster.

Indes wir uns keuchend hinter der Dorflautesten herschleppten (und den Sack mit uns), spähte Rosanella in den einen oder anderen Bau, die alle offene Eingänge hatten.

„Es gibt eine Leiter, die sofort nach oben führt. Aber es muss jeweils einen zweiten Raum geben, denn die Räume hinter den Öffnungen sind zu klein, eine Tür konnte ich nicht sehen", berichtete sie. „Soll ich einmal hineingehen?"

Kastania ließ den Sack ohne Ankündigung fallen, womit er auch mir aus den Händen gerissen wurde und wir ein Ächzen der Fahlen vernahmen.

„Ja, geh rein, lass' dir ruhig Zeit", schlug sie vor.

Rosanella legte Kastanias Speer ab und schlich dann vorsichtig in eines der Häuser. Eine Weile vernahmen wir nichts, bis sie schließlich zurückkehrte.

„Also für Menschen sind die nicht gedacht. Die Leiter führt zwar in das erste Obergeschoss, aber danach musste ich an Wänden hochkraxeln. Es gibt keine Betten oder Tische oder das, was ein gewöhnliches Haus ausmachen würde. Eigentlich sieht das Haus aus, als wäre es gewachsen und nicht gebaut worden."

„Na, das ist doch hübsch. Falls wir nicht zurückkommen, können wir darin leben!" Kastania klang leicht erzürnt. „Und jetzt kannst du die Fahlen mittragen und ich schaue mich um."

Sie nahm nicht nur ihren eigenen Speer, sondern auch den der verdutzten Dorflautesten und ging uns nun voraus.

„Das ist ja schön, die Damen wechseln sich ab und alles ist wieder Friede, Freude, Eierkuchen! Apropos Frieden! Ich habe Hunger!"

„Du meinst apropos Eierkuchen – ich habe Hunger", korrigierte mich Rosanella.

„Ich meine Frieden. Erinnere mich bloß nicht an Eierkuchen. Dann raste ich aus!"

Eierkuchen machte mich so wütend, doch mir reichte es schon, hungrig zu sein.

Wir schleppten die Fahlen durch das Tor, das wir nur um einige hundert Meter verpasst hatten, nach Rosanellas grandioser Kurve. Dahinter lag eine Zitadelle, der vom Hexenberg nicht unähnlich, nur dass hier der Zahn der Zeit deutlicher zugebissen hatte und ein Großteil der übrigen Gebäude abgerissen und durch Häuser der Fahlen ersetzt worden waren.

Wir liefen bis zur eigentlichen Feste, durchquerten die Eingangshalle und betraten den großen Saal.

„Hier ist jemand", stellte Kastania fest, die uns einige Schritte voraus war. „Da hat jemand vor kurzer Zeit Feuer gemacht!"

Wir traten in die Halle und ließen den Sack mit den Fahlen fallen.

„Das ist richtig!", sagte plötzlich eine Stimme hinter uns. „Weil ich heute Abend Gäste erwartet habe!"

Ist das eine Frau?

„Es ist noch nicht Abend", erwiderte Rosanella keck und drehte sich um. Ich folgte ihrem Beispiel.

Die Stimme gehörte zu einer Gestalt, die nun im Durchgang stand und kaum zu erkennen war.

„Aber bald wird es Abend! Ihr dürft gerne am Feuer Platz nehmen, keine Bange ich werde euch und euren Gefangenen nichts tun!"

Ich beäugte die Gestalt noch einmal, dann ging ich zum Kamin und nahm dort Platz. Rosanella und Kastania zögerten etwas länger, doch schließlich kamen auch sie zu mir und setzten sich.

Es war eine Frau, die neben den Kamin trat und ein ausgenommenes Reh auf den Boden fallen ließ. Sie hatte feuerrotes, wild gelocktes Haar und eine vollkommene unnütze Rüstung. Eine Art von gepanzertem Bikini, dazu Arm- und Beinschützer sowie einen Helm, den sie nun abnahm.

„Willkommen in meinem Haus! Ihr seid wegen der Fahlen gekommen!"

„Du bist nicht die, vor der die Fahlen geflohen sind", sagte ich auf eine gelangweilte, absichtlich respektlose Art und Weise.

Die Frau blickte mich zornig an.

„Wer sagt das?"

„Wenn du es wärst, würdest du es wissen! Und nun sag mir, wo ist die Person, die wir suchen?", fuhr ich sie forsch an.

„Vielleicht schlitze ich dich für diese Frechheit auf?"

„Das bezweifle ich stark", sagte ich gähnend und erhob mich, um an ihr vorbei wieder Richtung Eingang zu gehen.

Dort wo mich das Feuer nicht länger blendete, sah ich mich um. Ich kramte in meinem Rucksack, holte mein Telefon heraus und schaltete es ein. Keine der Anwesenden hatte jemals ein solches Gerät benutzt und so wussten sie nicht, was ich damit tat.

Als ich es aufgestellt hatte, erhob ich meine Stimme.

„Ich nehme an, du siehst bei der kleinen Show deiner ... Helferin zu?", rief ich laut. „Du kannst jetzt herauskommen!" Ich konnte die feuerroten Haare der Frau förmlich knistern hören, während ich ihr den Rücken zuwandte. „Wie heißt du eigentlich?"

„Fiona!"

„Also Fiona, sei so gut und hole uns was zu trinken. Wir wollen ein ernsthaftes Gespräch mit deinem Herrn oder deiner Herrin führen!"

Ich spielte dieses Spiel mit voller Absicht. Mir war klar, dass diese Überheblichkeiten gefährlich sein konnten. Aber sich allwissend zu geben hatte gewisse Vorzüge. Man war damit undurchschaubar.

„Agni! Meine Herrin heißt Agni!"

Ich vernahm ein Quietschen und dann ein Klatschen. Hinter mir war eine Tür aufgeschwungen und darin stand – und es kostete mich alle Kraft, meine Verblüffung nicht zu offenbaren – Lulila, die Nachtprinzessin, war Agni. Oder war Agni Lulila?

Lulila schritt an mir vorbei auf meine sichtlich überraschten Begleiterinnen zu und stellte sich neben Fiona.

„Hol' etwas zu trinken, wie man dir aufgetragen hat, Kind!", befahl sie harsch.

Fiona verbeugte sich und eilte heraus. Ich blickte ihr hinterher.

„Wozu ist sie so gekleidet? Selbst ihre Pobacken schauen heraus. Eine solche Rüstung ist doch nur hinderlich und schützt nicht!"

„Ist das nicht offensichtlich?" Lulila schenkte mir ein Grinsen.

„Scheinbar nicht!", gab ich zu, doch Rosanella meldete sich zu Wort.

„Es zeigt klar Überlegenheit. Sie präsentiert sich als unbesiegbare

Kriegerin, wenn sie sich mit einem solchen *Schutz* kleidet. Sie nimmt die Behinderung in Kauf, um zu demonstrieren, dass sie keinen Schutz nötig hat und trotz des zusätzlichen Gewichts jedem Gegner völlig überlegen ist."

„Ja, kleine Sterbliche, das ist wahr!"

Ich räusperte mich. „Sterblich seid auch ihr, das habe ich jetzt mehrfach gesehen. Ich selbst tötete zwei von euch und nahm zwei Weiteren die Kräfte!"

„Bravo! Und aus diesem Grund bist du hier!", erklärte Lulila selbstsicher und hockte sich auf einen der Fauteuils am Kamin. Sie schien es nicht gewohnt zu sein, auf menschlichen Möbeln zu sitzen.

„Ich nehme mal an, die Nachtprinzessin will Nachtkönigin werden – ohne lästige Konkurrenz und ich soll ihr dabei helfen?", vermutete ich ins Blaue hinein und ahnte in dem Moment nicht, dass ich direkt ins Schwarze getroffen hatte.

„Du bist beileibe der Hexenmeister und ich räume ein, der erste Mensch, vor dem ich mich jemals auch nur ein klein wenig gefürchtet habe, ... selbst die letzte Hexenmeisterin war mehr ein sekkantes Ärgernis als ein gefährlicher Antipode! Du hast mein Sinnen erkannt. Die Ära einer neuen Herrscherin ist gekommen, einer Mitternachtskönigin, vor der selbst die Prinzessinnen, Prinzen und Prinzare knien, eine, die alle Stämme der Fahlen beherrscht, nicht nur diesen einen der Nachtspitze!", erklärte sie mit einem breiten Grinsen. „Ich bin diese neue Regentin der Nacht – ich werde es sein, dank deines Subsidiums."

„Deines was?", mischte sich Kastania ein.

„Meiner Unterstützung", übersetzte ich das letzte Wort der vermeintlichen Regentin.

„Mit eben dieser wirst du mir zur Regentschaft gereichen."

Ich nickte. „Und warum sollte ich das tun?"

Lulila lachte.

In diesem Augenblick kam Fiona mit einem Tablett voller Getränke zurück, die sie auf den kleinen Tisch zwischen den Stühlen stellte und deutete nacheinander auf die drei Karaffen.

„Roter Wein, Traubensaft und Blut!"

Ich griff mir einen Becher und tat so als schwankte ich einen Augenblick zwischen dem Traubensaft und dem Blute, wählte aber schließlich den Traubensaft.

„Also, Lulila? Bekomme ich als Antwort mehr als nur ein Lachen?"

Lulila griff zum Blut und schenkte sich ein.

„Wir können Krieg oder Frieden haben. Du musst nur dafür sorgen, dass Pe-kar und Mithocht und dieser Mitwisser, den ihr dort im Sack habt, zügig ableben. Nach ihrem Tod bin ich die einzige Prinzessin unseres Stammes und sobald unser Heim befreit ist, werde ich mich krönen lassen. Da ich selber den Berg besetzte, wird mir das nicht schwerfallen", berichtete sie.

„Aber ich kann Pe-kar oder Mithocht nicht liquidieren. Uns verbindet ein Packt – alles was ich ihnen antue, wird auch mir geschehen, selbst wenn ein Fahle in meinem Namen handeln würde. Aber wenn es ein Mensch ist, der sie beseitigt ..." Sie grinste unverschämt.

„Fiona, sag mir, warum du dabei mitmachst", forderte ich die junge rothaarige Frau auf.

Die Angesprochene warf einen Blick zu Lulila, die leicht nickte.

„Lulila wird meine kleine Schwester heilen. Sie hat Krebs und wird sterben, nur die Königin der Nacht kann sie retten. Derzeit schläft sie in einem ewigen Schlaf bis sie geheilt wird!"

„Ich verstehe! Guter Grund. Hast du die Schwester krankgemacht?"

Lulila hustete einen Lacher aus. „Ich habe noch nie jemanden krankgemacht – ich sauge Leben aus oder hauche Leben ein. Krankheiten – damit habe ich nichts zu tun!"

„Und wenn ich dich töte?", sagte ich ganz locker und nahm einen Schluck vom Traubensaft.

„Dann wird Pe-kar weiter unsere Leute gegen die Baben schicken. Wir werden ihre Seelen und ihr Blut trinken. Mehr Seelen, versteht sich. Blut trinken wir nur in Gesellschaft! Es wird neue Nachtprinzessinnen und Prinzessare geben, mit denen du nicht so einfach einen Handel abschließen kannst!"

Ich wusste, dass sie Recht hatte, nur war ich mir nicht im Klaren darüber, ob ich ihr trauen konnte. Darüber hinaus missfiel es mir, ein Lebewesen, sei es nun ein Fahle, der die Seelen von Menschen trank oder nicht, töten zu müssen.

„Das gefällt mir nicht!"

„Mir zu trauen?" Lulila schmunzelte abfällig.

„Ich will eingestehen, dass ich nicht weiß, ob man dir trauen kann. Aber mehr noch habe ich eine Abneigung dagegen, jemanden zu töten. Das schließt Fahlen ein, wenn es sich verhindern lässt!"

Die Nachtprinzessin zog eine Augenbraue hoch und blickte mich konsterniert an.

„Ich hätte damit keine Probleme", schaltete sich die Dorflauteste dazwischen. „Ich würde beide töten: Mithocht und Pekar. Und falls es sein muss auch dich, Lulila! Aber wie sollen wir dir vertrauen?"

Lulila erhob sich und trat direkt vor mich, dass ich zu ihr aufblicken musste, um ihr Gesicht zu sehen. Sie legte eine Hand auf meine Wange. Sie fühlte sich kalt, aber nicht abstoßend an.

„Wir könnten heiraten", eröffnete sie mir und traf mich damit unvorbereitet. „Wir dürfen unsere Partner nicht töten, noch ein Komplott gegen sie schmieden. Es gibt einen Bindezauber, der uns beide vernichten würde, würden wir einander hintergehen!"

„Ich glaube", sagte ich, „dass du nicht die erste Wahl für eine Heirat für mich wärst!"

Die Nachtprinzessin lachte herzlich.

„Es ist eine Zweckheirat, mein edler Hexenmeister! Nicht weil ich dich so sehr begehre!"

„Und welche Möglichkeit hätten wir noch? Außer einer Heirat zwischen uns beiden?"

„Ich könnte dir Fiona als dritte Frau schenken", schlug Lulila vor.

„Wie bitte? Ich bin nicht zu verschenken", warf die Angebotene ein.

„Du bist das, was ich sage. Ich werde deine Schwester heilen, aber widersprichst du mir, werde ich dir deine Seele aussagen!"

Fiona öffnete den Mund und schnappte wie ein Fisch nach Luft.

Es dauerte einen Moment, dann senkte sie den Kopf.

„Ja, Herrin!"

„Nein, das ist es auch nicht", lehnte ich dankend ab. „Zwei Frauen sind schon mehr als genug, eine dritte wäre auf jeden Fall zu viel, und selbst wenn ich keine hätte, will ich keine, die mich nicht will!"

„Dann", sagte die Fahle, „werde ich dir etwas geben, das noch kein Sterblicher hatte – nicht einmal ein Hexenmeister! Ich gebe dir die Kraft, die Seele eines Fahlen zu nehmen! Sollte ich dich betrügen, hättest du mich in der Hand!"

„Ich hätte dich dann ohnehin in der Hand!"

„Du würdest mich nicht töten – nicht ohne Grund, richtig?"

„Das kann man nie wissen", widersprach ich. Aber ich wusste, dass sie mich durchschaut hatte.

„Nein, töten liegt dir nicht im Blut. Es ist eine Gefahr für mich, aber der einzige Weg, wenn wir einander nicht heiraten!"

„Eine sehr erotische Vorstellung – eine Hochzeitsnacht mit dir und dabei eventuell ausgesaugt zu werden ..."

„Was ich nicht könnte nach dem Heiratspakt", unterbrach mich Lulila.

„Wir würden ungewöhnliche Kinder zeugen, nehme ich an!", gab ich zu.

„Wir könnten keine Kinder zeugen!"

„Wie schade. Nein, ich verzichte!"

Lulila ließ meinen Kopf los, den sie die ganze Zeit gestreichelt hatte und trat vor Rosanella, ging in die Knie, dass sie auf Augenhöhe mit ihr war.

„Aber von dir brauche ich einen Schwur, dass du mich nicht angreifst!"

Die Dorflauteste verdrehte die Augen. „Wenn du Baben tötest, werde ich dich töten!"

„Wir haben schon immer die Seelen der Baben getrunken. Wir leben davon. Aber ich verspreche, dass wir uns zurück auf die Nachtspitze ziehen und nur in ihrer Nähe auf die Jagd gehen! Und die Niederen meines Volkes können Tierseelen trinken!"

„Wie bist du überhaupt hergekommen?"

„Auf Mondschein, meinem Nachtschimmel. Stell dir einfach vor, er wäre ein Pferd!"

„Bei Tageslicht?", hakte ich nach.

„Oh, ja. Mit Magie können wir auch bei Tag reiten. Und ich bin mächtig. Mächtiger als Pe-Kar und Mithocht – nur nicht in der Lage, den Pakt zu brechen und sie zu töten!" Dieses Mal lachte sie laut und dreckig, richtete sich auf und sah uns nacheinander an. „Also? Was sagt ihr?"

„Wir werden zu dritt darüber sprechen!", entschied ich. „Und wenn wir einen gemeinsamen Entschluss gefasst haben, dann werden wir dir davon erzählen – nicht früher! Und jetzt brauche ich etwas zu essen! Ich habe gehört, heute Abend soll es Reh geben!"

An diesem Abend gab es Reh. Doch vorher, als Fiona und Lulila uns verließen, zogen mich Kastania und Rosanella zu sich. „Du musst es machen!"

„Ich muss was machen?"

„Na, entweder du heiratest sie oder du gehst diesen Pakt ein!", erklärte Kastania.

„Spinnst du?" Ich drehte mich zu Rosanella. „Jetzt sag' du auch was dazu!"

„Kastania hat recht. Wenn du sie heiratest ..."

„Spinnst du?" Ich drehte mich zu Kastania. „Jetzt sagst du bitte was anderes dazu!"

„Nein! Wenn du sie heiratest, hast du die Fahlen in der Hand. Sie kann nichts gegen dich tun und du bist König. Du kannst ihnen befehlen weit wegzugehen!"

„Ich will sie nicht heiraten! Wollt ihr mich loswerden?"

Die Dorflauteste lachte.

„Du hast doch gehört, dass es eine Zweckheirat wäre. Ich glaube nicht, dass sie etwas gegen eine oder zwei Bettwärmerinnen für dich hätte!"

„Unglaublich! Ihr seid verrückt geworden", stellte ich fest. „Ihr seid ja auch ganz rot im Gesicht!"

„Das liegt am Feuer", verteidigte Rosanella sich.

„Ich werde sie keinesfalls heiraten! Das ist ausgeschlossen!" Oh ja, das war es.

„Also gut. Aber dann lass' dir den Zauber oder die Kraft geben, die Seele eines Fahlen zu nehmen!", schlug Rosanella vor.

„Und was ist, wenn ich mich dadurch in einen Fahlen verwandele? Ich traue ihr noch immer nicht wirklich."

Ich überlegte einen Moment, dann erhob ich mich, ging zum Sack und zog ihn vor unseren Platz, griff hinein, und holte den jämmerlichen Rest von Mithocht heraus.

„Was hast du mit mir gemacht? All meine Kräfte sind dahin!", jammerte der Fahle.

„Ja, und du wirst sterben, das ist dir doch klar, oder?! Ich kann sie dir nicht zurückgeben und ich wette, du hast gehört, was hier besprochen wurde!"

Ächzend nickte er. „Du wirst uns in Lulilas Namen töten!"

„Das werde ich ... vielleicht. Vielleicht aber auch nicht, aber in diesem Fall wird sie nach einem anderen suchen und da du keine Kraft mehr hast, wirst du sie daran nicht hindern können."

„Ich könnte dir Zugang zu unseren Kräften verschaffen und du saugst dann ihre Seele aus! In meinem Namen – selbst wenn ich dafür sterben muss, wäre es mir das wert!"

„Und dabei mutiere ich selber zu einem Fahlen", mutmaßte ich.

„Nein. Du wirst immer ein Mensch bleiben und ich immer ein Fahle. Es gibt nur einen Weg für dich, zu einem Fahlen zu werden!", hauchte er kraftlos. „Beim Tanz und der Vereinigung mit einem Fahlen, wenn sich eure Körper für immer vereinen. Aber das geht nur mit einem einfachen Fahlen, nicht mit mir!"

„Also gut! Zeig es mir und dann reden wir weiter!"

„Du musst mir verspr ..."

Ich schnitt ihm das Wort ab. „Ich *muss* gar nichts! Nicht eine Sache. Du brauchst meine Hilfe für deine Rache. Zeig mir, wie es geht und danach überlege ich es mir!"

„Bring mich hinaus in den Mondschein", keuchte Mithocht. „Und nimm den Wurm hier mit!"

Der Wurm war wohl Urach. Ich stopfte Mithocht einfach zurück in den Sack, schulterte ihn und stapfte hinaus.

„Kommt ihr mit oder bleibt ihr hier?"

„Ich will das auf keinen Fall verpassen!", grinste Rosanella. „Falls du zum Fahlen wirst, habe ich ja auch noch den Dolch!"

„Das ist sehr beruhigend!"

„Ich komme natürlich auch mit!" Kastania griff ihren Speer und so gingen wir zu dritt vom Hof hinaus durch das Tor, bis wir die Siedlung vor der Feste erreichten.

Die Macht des Mondes

Urach lag gefesselt vor uns. Mithocht stand vor mir. Er war kaum mehr als ein Häufchen Elend. Mindestens einen Kopf war er kleiner geworden, und er hatte mehr die ungreifbare Gestalt der gewöhnlichen Fahlen angenommen, doch dieses grauenhafte Leuchten seiner Haut fehlte gänzlich. Er war nicht mal mehr bleich, sondern gebräunt von dem Spray, mit dem ich ihn zu Fall gebracht hatte.

Er hob seine Arme zum Mond und ließ es mich ebenso tun. Dann griff er mir an die Stirn und murmelte Worte. Rosanella hatte die Klinge an seinen Hals gelegt, nur zur Sicherheit, und Kastania hatte meinen Dolch übernommen.

Er murmelte alte Worte in einer Sprache, die ich nie zuvor gehört hatte, und dennoch begann ich langsam immer mehr davon zu verstehen. Die Fahlen mussten alt sein – älter als die Menschen – aber sie waren nicht die Einzigen gewesen. Über zig Jahrtausende hatten sie die Nacht beherrscht, doch sie wurden weniger, während die Menschen immer mehr wurden, und die alten Worte erzählten von ihrer Geschichte und der Verbindung zum Mond. Die Fahlen waren die Herren der Nacht gewesen. Die anderen waren die Herren des Tages gewesen. Mir war noch nicht klar, wohin diese verschwunden waren, aber mir wurde klar, wie die Fahlen ihre Kraft aus dem Mond bezogen und wie sie sie nutzen konnten.

Wir standen dort zwei Stunden oder länger und längst war aus dem Abend tiefste Nacht geworden. Jetzt war jedes Wort für mich klar und hatte eine Bedeutung. Und die Worte beschrieben, was zu tun war. Es gab sieben mal sieben Rituale der Nacht und das letzte, das neunundvierzigste, würde mir die Macht darüber geben, einem Fahlen die Seele zu stehlen. Es war ein Ritual, von dem nur die Prinzen, die Prinzare und Prinzessinnen wussten, und ich überlegte, ob es ein fünfzigstes geben konnte, dass nur für die Königin der Mitternacht bestimmt war.

„Du musst nun Urachs Seele aufnehmen", schloss Mithocht. Urach kreischte, bettelte um seine Seele.

„Das kann ich nicht tun!" Ich schüttelte den Kopf.

„Doch, du musst es tun", forderte mich Rosanella auf. „Doch ... nimm ihn!" Mit einer Kopfbewegung deutete sie auf Mithocht, den sie noch immer hielt und an dessen Kehle die fahle Klinge gelegt war.

„Nein, nein! Nimm Urachs Seele! Und dann Lulilas! Ich will sie sterben sehen!", schrie Mithocht.

Kastania griff mich am Arm. Sie zog mich an sich, küsste mich. „Es ehrt dich und ich weiß, dass du ein guter Mann bist, ein guter Mensch, besser als die meisten! Aber du kannst einen Krieg verhindern", flüsterte sie mir ins Ohr. „Wenn du es tust, wird es leichter für alle. Aber ich werde dich ebenso respektieren, wenn du es nicht tust!"

„Gib mir die Klinge", sagte ich zu Kastania, die mich einen Moment anblickte, bevor sie mir die Waffe in die Hand drückte. „Und jetzt geht ihr beiden", forderte ich sie auf.

„Wir können nicht gehen", widersprach Rosanella.

„Steck den Dolch ein und tritt beiseite. Geht dorthin und setzt euch auf die Findlinge. Und mischt euch nicht ein. Mithocht und ich werden reden!"

Rosanella blickte mich unglücklich an, doch Kastania zog sie mit sich. „Er ist der Hexenmeister, er weiß, was er tut!"

Ich wartete, bis die beiden in einiger Entfernung Platz genommen hatten, blickte Mithocht an und gab ihm die Klinge.

„Ich werde jetzt mit Urach sprechen und du passt auf, dass er nicht flieht, klar?!"

„Ja", hauchte Mithocht, nahm die Klinge und hielt sie gegen Urach gestreckt.

Ich hörte Rosanella und Kastania entsetzt aufkeuchen, als sie die Klinge in Mithochts Hand erblickten, doch ich deutete ihnen, dort zu bleiben.

„Urach! Wen soll ich töten? Dich? Lulila oder Mithocht?", fragte ich ihn.

„Nein! Du wirst sterben!" fauchte mich Mithocht an und stieß zu. Ich war darauf vorbereitet gewesen, denn genau darauf hatte ich es abgesehen. Zu prüfen, ob ihm zu vertrauen war. Ich schob seine Hand zur Seite, dass der Stoß ins Leere ging, griff dabei sein Handgelenk und entriss ihm die Waffe, die ich einfach fortschleuderte. Dann packte ich an seine Stirn und sog seine Seele in mich. Er riss seine Augen auf, die bleich und farblos wurden – bevor er zusammensackte.

Rosanella und Kastania waren aufgesprungen, rannten zu mir. „Geht es dir gut?"

Ich nickte. „Ich werde jetzt prüfen, ob ich die anderen Kräfte beherrsche. Denn die Rituale sind überhaupt gar keine, es sind

Kräfte, die der Mond einem gibt. Darum sind sie des Nachts unterwegs. Nur dann haben sie ihre vollen Kräfte." Ich sah in die Nacht und veränderte meinen Blick und meine Wahrnehmung veränderte sich. Zwar fehlten mir die Farben, doch ich konnte weit ins Dunkel sehen, so als wäre alles hell erleuchtet und die Welt in Weiß, Grau, Dunkelblau und Schwarz gefärbt. „Ein Wunder, dass uns die beiden im Nebel nicht bemerkt haben", stellte ich fest. „Sie hätten uns eigentlich sehen müssen! Da vorne ist Fiona und hat uns zugesehen", berichtete ich und deutete auf ein Gebüsch an der Wehrmauer. „Lasst uns zu ihr gehen."

Kastania und Rosanella hatten Urach wieder in den Sack gepackt und zogen die leblose Hülle von Mithocht hinter sich her, was nicht wirklich respektvoll war, aber ich hatte gerade keine Nerven, darauf einzugehen.

Fiona erstarrte, als wir direkt auf sie zuhielten und versuchte, sich tief im Gebüsch zu verstecken, doch ich konnte sie deutlich trotz der Dunkelheit, die für mich auf einmal gar nicht mehr so dunkel war, sehen.

„Na, Fiona, hast du alles mitangesehen?"

Fiona schluckte deutlich hörbar.

„Ähm, nicht alles ... bin gerade ..."

„Das glaube ich nicht, Kind!", widersprach ich. „Ich habe dich schon eine ganze Weile beobachtet.

„Ich sollte für Lulila die Augen offen halten und ihr berichten", antwortete sie unsicher. „Aber ... ich habe gar nichts gesehen!", beschwor sie.

„Mmmmhhhh!" Ich musterte sie.

„Wir begleiten dich!"

Der Gehilfin Lulilas war sichtlich unwohl, während sie voranschritt und wir folgten.

„Wo ist denn Lulila?", wollte Rosanella wissen. „Wir sollten auf jeden Fall zuerst in den großen Saal! Ich würde dort gerne Mithocht und Urach zurücklassen. Fiona bringt uns dann zu der Nachtprinzessin und einer von uns passt auf, dass sie keinen Blödsinn macht und geht mit ihr zurück in den Saal. Vielleicht könntest du das übernehmen, Kastania? Ich möchte bei Ingo, unserem Hexenmeister, bleiben, denn ich traue Lulila überhaupt nicht und falls es zum Kampf kommt ..."

Kastania wirkte nicht glücklich.

„Ich wäre lieber bei euch, aber ich verstehe das. Also gut! Ich werde auf Fiona achtgeben und sie aufspießen, falls sie ein falsches Spiel spielt."

„Ich spiele kein falsches Spiel. Ich bin hier wegen meiner Schwester! Ich habe keine Wahl."

Ich griff Fiona am Arm und zog sie herum, blickte ihr in die Augen. „Versprich, dass du uns nicht hintergehst, beim Leben deiner Schwester!"

Sie zögerte nur kurz. „Ich verspreche es!"

„Gib mir deine Waffen!", mischte sich Rosanella ein.

„Nein, das geht nicht!"

„Das geht sehr wohl. Ich kann dich auch zwingen, sie Rosanella zu geben. Hast du gesehen, was ich eben gemacht habe?"

Fiona nickte erschrocken.

„Ja, ist gut", sagte sie niedergeschlagen und händigte Rosanella ihre Waffen aus.

Erst danach führte sie uns hoch in ein Kaminzimmer im ersten Obergeschoss, in dem Lulila wartete. Kastania ging mit ihr zurück, als Rosanella und ich eintraten.

Lulila erwartete uns mit einem Lächeln.

„Du hast Mithocht getötet." Ihre Aussage war schlicht und sachlich, keine Frage, keine überbetonte Feststellung, kein Erstaunen.

„Er hat mich angegriffen, da war die Entscheidung nicht schwer", sagte ich beiläufig und nahm Platz.

Rosanella blieb hinter mir stehen und ich wusste, dass sie kampfbereit war für den Fall, dass Lulila uns angreifen würde.

„So, und da hast du ..."

Ich spielte mit dem Dolch, den ich einen Augenblick zuvor gezogen hatte, und legte ihn vor mich auf den Tisch, ohne meine Hand zurückzuziehen.

„Ich mag es nicht, hintergangen zu werden", sagte ich leise. „Also! Was muss ich wissen?"

Die Nachtprinzessin musterte mich eine Weile.

„Ich frage mich, was in deinem Kopf vorgeht. Deine Augen schauen durchdringend, so als wüsstest du genau, was ich will und denke und mich doch im Ungewissen lässt! Lässt du mich im Ungewissen?"

„Aber natürlich, Lulila. Wir sind keine Freunde, wir gehen vielleicht einen Pakt ein, vielleicht werden wir Frieden schließen, vielleicht uns gegenseitig respektieren – aber Freunde werden wir nicht. Und letztlich werden wir immer ein Geheimnis für uns behalten. Dem einen wird das besser gelingen, als der anderen!"

Sie sah mich überrascht an, dann lachte sie.

„Gut! Es ist Zeit, dass wir unseren Plan besprechen!"

Ich nickte und ließ mich einweihen.

Sie erklärte mir, wie ich einem Fahlen alle Kraft stehlen konnte, was ich natürlich bereits wusste. Ich vermutete, dass ich es nicht mit ihr machen konnte, war sie erst Mitternachtskönigin, aber das war nur eine Vermutung.

Mit einem neuen Drachen flogen wir schließlich zurück. Dieses Mal dauerte es etwas länger, uns in die Lüfte zu schwingen, denn der Turm der Festung war praktisch zerstört. Wir fanden zwar Drachen in gutem Zustand, jedoch gab es keine Startschanze, sodass wir über die Wiese laufen mussten und mehrfach wieder nach unten sackten, bevor wir endlich vom Strom erfasst wurden, der uns höher und höher trug und dann zurück zum Hexenberg.

„Wir müssen schauen, ob es Bücher über die Fahlen gibt. Ich muss etwas wissen!", erklärte ich meinen beiden Begleiterinnen.

„Wonach suchen wir?"

„Ob die Königin der Fahlen noch besondere Kräfte hat. Wir dürfen keinen Großbrand entfachen, in dem wir sie zur Königin erheben und sie danach herrschen kann, wie sie will", erklärte ich. „Das ist die Bibliothek der Hexenmeister. Ich wette, dort muss es ein Buch geben!"

Wir gingen also in die Bibliothek, in der wir schon das Große

Buch der Drachen gefunden hatten, und suchten eine Weile. Zuerst hatten wir keinen Erfolg, denn die Ordnung war nicht leicht zu durchschauen, dann fand Kastania den Index der Bibliothek und so entdeckten wir einen Schrank mit Schriftrollen und Büchern über die Fahlen.

Die meisten von ihnen waren uninteressant, aber nach einer Weile fanden wir Werke über die Kräfte. Der Inhalt des ersten schien mir mehr Legende zu sein, denn ich erkannte an den erlernten Ritualen, dass das, was dort stand, völliger Schwachsinn war. Doch das dritte Buch enthielt viele genaue Beschreibungen und dann kam das Kapitel über die Mitternachtskönigin.

„Die Mitternachtskönigin ist das Oberhaupt eines Stammes der Fahlen. Nur selten kann sich eine Nachtprinzessin zur Königin erheben, denn ihre Kräfte werden für gewöhnlich vom Nachtprinzen und dem Nachtprinzessar im Zaum gehalten. Die Mitternachtskönigin entfaltet ihre größten Kräfte zur Mitternacht – aber anders als die anderen Fahlen, hat sie auch bei Tageslicht große Kräfte und scheut es nicht. Zur Mitternacht kann sie Fahlen zu Prinzen erheben, wozu sonst ein Ritual notwendig ist, und alle Sterblichen zu Fahlen machen!"

„Da hat sie uns doch angelogen", stellte Rosanella fest.

„Wer hätte das gedacht?", fragte ich ironisch.

Die beiden Frauen blickten mich an und sprachen wie aus einem einzigen Mund. „Ich", sagte Rosanella und Kastania sagte: „Mir war das klar".

Sie sahen mich an, als ob ich naiv wäre und fuhren unabhängig voneinander fort, dieses Mal nicht mehr wie aus einem Mund.

„Du bist zu gutgläubig, Ingo", behaupteten sie beide gleichzeitig.

„Das war doch ..."

„Den Fahlen darfst du nichts glauben", belehrte mich Kastania.

„Ich habe das nicht geglaubt!", fuhr ich sie ärgerlich an.

„Mach dir nichts daraus, du bist nicht von hier und weißt wenig über sie!"

Ärgerlich blickte ich Rosanella an.

„Ja! Also hier steht: Die Mitternachtskönigin sei äußerst gefährlich und habe Kräfte, gegen die man fast nicht bestehen könne."

Die Dorflauteste blickte mich ernst an.

„Sie darf auf keinen Fall Mitternachtskönigin werden! Wir müssen das mit allen Mitteln verhindern."

Kastania pflichtete ihr sofort bei.

„Wenn sie Mitternachtskönigin wird, kann sie tun und lassen, was sie will, scheinbar. Sie würde über uns Baben herfallen und über andere auch. Was ist, wenn du sie heiratest?"

„Ich will sie nicht heiraten", empörte ich mich.

„Nur hypothetisch!"

Ich las weiter. „Heiratet ein Mann die Mitternachtskönigin oder ist er mit ihr verheiratet, wenn sie dazu wird, so wird er König. Fahlen nennt man Mitternachtskönig, Menschen würden zum Sonnenkönig." *Irgendwie kenne ich den Titel aus einem anderen Zusammenhang*, dachte ich und erinnerte mich an den Geschichtsunterricht. *Der ist damit aber nicht gemeint.*

„Er stellt ein Gegengewicht dar. Mitternachtskönige haben

prinzipiell die gleichen Kräfte, doch sollte die Mitternachtskönigin sterben, so verlieren sie ihre Kraft. Sonnenkönige haben die gegenteiligen Kräfte. Sie können Menschen, die in Fahle verwandelt wurden, zurückverwandeln und die Macht der Mitternachtskönigin beschneiden. Auch sie verlieren ihre Kräfte mit dem Tod der Mitternachtskönigin", las ich vor.

„Das klingt schon mal gut."

„Die Mitternachtskönigin und ihr Gemahl können einander nichts zuleide tun, noch ein Komplott gegeneinander schmieden, denn in diesem Fall scheinen sie ihre Kraft zu verlieren, die sich auf den anderen überträgt."

„Das wäre natürlich perfekt", meinte Rosanella.

„Mitnichten!", widersprach ich deutlich. „Ich werde auf keinen Fall zum Sonnenkönig!" Wütend blickte ich von der einen zur anderen. „Egal, auf welche Idee ihr kommt! Ich werde sie keinesfalls ehelichen! Heiratet sie doch selber ..."

Beide Frauen grinsten mich unverschämt an.

„Dann werden wir sie anders aufhalten müssen. Sie darf nicht Königin der Nacht werden. Kastania und ich werden dir helfen. Die Frage ist nur, wie das am besten gelingt! Aber nur Nachtprinzessinnen können Mitternachtskönigin werden – oder habe ich das falsch verstanden?!"

„Ganz und gar nicht! Es wird nur von Mitternachtsköniginnen gesprochen. Die Frage ist allerdings, ob lediglich kein Prinz erfolgreich war, sich zum Herrscher aufzuschwingen, oder ob es unmöglich ist! Falls Pe-Kar zu einem Mitternachtskönig wird, wäre uns nicht geholfen. Ich sehe daher zwei Optionen:

Entweder töten wir beide, was mir nicht gefällt, oder wir lassen beide leben, was ich bevorzugen würde!"

„Mir wäre es lieber, wir wären beide los!", meinte Kastania und bekam nickende Zustimmung von der Dorflautesten.

„Sehe ich auch so!"

Ich schnaufte leicht verächtlich. „Immer nur Gewalt!", maulte ich. „Es muss doch auch friedlich gehen! Hier steht noch, dass Nachtfürsten, scheinbar nennt man die Nachtprinzen, Nachtprinzessinnen und Nachprinzessare auch so, keinen Einfluss auf die Mitternachtskönigin haben. Das Ritual ist bei einer Mitternachtskönigin wertlos." Das Buch war dick und ich las es weiter, griff mir ein zweites Buch und überflog es ebenfalls, bis ich an einer Stelle stutzte: „Wisst ihr, warum die Prinzen und Prinzessinnen so anders als normale Fahlen aussehen?", wandte ich mich an die beiden Schönheiten, die gerade in anderen Büchern lasen.

„Weil sie mächtiger sind und daher hübscher?"

„Na, dann wäret ihr sicherlich die mächtigsten Baben", lachte ich.

Rosanella grinste mich an. „Sind wir ja vielleicht auch!"

„Nein, anders: Die Nachtprinzessinnen und Nachtprinzen werden immer zu solchen erhoben. Jeder Fahle kann dazu werden, aber er braucht dazu einen Sterblichen, mit dem er sich vereinigen muss, ..."

„Vereinigen?", kicherte Kastania.

„Ja, aber nicht so ein Vereinigen, wie du meinst", tadelte ich sie. „Aus zwei Körpern und zwei Seelen wird eins. Nur zu

Samhain und zu Beltane ist das überhaupt möglich. Dann tanzen Fahlen und Sterbliche um ein Mitternachtsfeuer und vereinigen sich und werden zu einem Nachtprinzen oder einer Nachtprinzessin. Ein männlicher Fahle und eine menschliche Frau werden zur Nachtprinzessin, eine weibliche Fahle und ein menschlicher Mann werden zum Nachtprinzen und wenn sich zwei vom gleichen Geschlecht vereinigen, so werden sie geschlechtslos zum Nachtprinzessar", trug ich vor. „Ohne einen Prinzessar gibt es keine neuen Fahlen scheinbar. Der Nachtprinzessar ist bei jeder Zeugung zwischen zwei Fahlen dabei, nur so können sie ein fahles Kind zeugen, was nur sehr selten vorkommt!"

„Warum gibt es dann nicht ganz viele Nachtprinzen und so? Ich meine, sie scheinen mächtiger zu sein. Sie könnten sich doch so leicht weiter ausbreiten!"

„Mmmhhh! Gute Frage! Ich schaue mal, ob ich dazu was finde!"

Rosanella erhob sich und stellte sich hinter mich.

„Da!" Sie deutete mit ihrem Finger auf eine Stelle. „Nur selten dulden es die Nachtfürsten, dass sich ein Fahle zu einem der ihren erhebt, denn es gibt in jedem Stamm nur ein Dreigestirn der Nachtfürsten. Kommt ein Weiterer dazu, führt dies stets zur Teilung des Stammes!" Sie entriss mir das Buch. „Da sind sogar die Stämme aufgezählt, aber sie scheinen keine Namen zu haben: Die Fahlen der Mitternachtsspitze, das sind unsere. Die Fahlen des Brockens. Die Südfahlen, oh, wurden zuletzt 1879 gesehen. Die meisten sind scheinbar verschollen. In Mitteleuropa müsste es noch fünf Stämme geben, es waren aber wohl einst mehr."

„Naja, die Geschichte ist weniger interessant, solange da nicht steht, wie wir die Mitternachtskönigin loswerden!" Ich blickte zu Rosanella auf.

„Ist ja gut!", maulte sie grantig und blätterte weiter.

„Könntest du ihnen die Kräfte rauben, ohne sie zu töten?", fragte Kastiania plötzlich. „So wie bei Mithocht, der war ja auf einmal auch ganz kraftlos!"

Darüber musste ich einen Moment nachdenken.

„Ich glaube nicht, dass eines der Rituale das ermöglicht.

„Und dein Spray?", hakte Rosanella hoffnungsvoll nach.

„Ich glaube nicht, dass das ewig hält. Das ist ein Selbstbräuner, das ist nach ein paar Tagen wieder weg. Höchstens für den Moment, um sie zu etwas zu bewegen, dass sie mit uns verhandelt vielleicht. Das ist vermutlich nicht einmal schlecht!"

Wir schmiedeten also einen Plan.

„Schmieden? Willst du jetzt doch Waffen benutzen? Können wir nicht einfach die Dolche der Fahlen einsetzen?", fragte mich Rosanella.

Ich blickte sie ärgerlich an. „Damit meine ich doch, dass wir einen Plan ausarbeiten!"

„Ich wollte nur einen kleinen Scherz machen!", grinste sie frech und dann fuhren wir fort.

Wir bereiteten die Halle vor, jene große Halle, in der wir das erste Mal den versammelten Fahlen begegnet waren und in der wir die erste Auseinandersetzung mit den Nachtfürsten erlebt hatten. Wir suchten etwas Holz zusammen, Sägen, Bohrer und allerlei Werkzeug und dann bauten wir die Ultimative Waffe. Ja, Sie haben richtig gelesen: Ultimative Waffe *muss* großgeschrieben werden an dieser Stelle, denn sie war einfach großartig und so machtvoll, dass sie sogar die Regeln der deutschen Rechtschreibung außer Kraft setzte!

„Ich Fühle Wie Sie Dazu führt, Dass die Meisten Wörter Auf einmal Groß geschrieben Werden", stellte Kastania völlig richtig und mit korrekter Schreibweise fest.

Es war fast Zeit für unsere Begegnung mit den Fahlen, als wir endlich fertig waren und die Ultimative Waffe unter einigen Decken verbargen.

„Ich hoffe, dass du dich nicht irrst", hoffte Rosanella wahrhaftig. „Was machen wir, wenn dein Plan scheitert?"

„Waaaaaas? Scheitern? Du hast doch die ganze Zeit behauptet, ich wäre ein großer Zauberer!"

„Groß sagte ich nicht", widersprach sie. „So groß bist du auch gar nicht. Die meisten Baben sind größer als du und die meisten Zauberer auch!"

„Meiner Meinung nach bist du eher ein kleiner Zauberer", stimmte Kastania der Dorflautesten zu. „Du bist kaum größer als ich, und Rosanella und ich gelten doch eher als klein."

„Ich meinte doch nicht die Körperlänge!", stöhnte ich.

Die beiden senkten ihren Blick in Richtung meiner Körpermitte.

„Also so ..."

„Stopp! Sagt es nicht! Ich rede von der Fähigkeit, zu zaubern. nicht von irgendwelchen körperlichen Attributen!"

Mein Gesicht war sicherlich schamrot geworden.

„Also so gesehen kann man dir da nicht widersprechen, hatte ich sagen wollen", grinste Kastania neckisch.

„Empfindest du das wirklich so?" Die Dorflauteste tat etwas erstaunt und feixte: „Vielleicht muss ich meine Meinung noch einmal amplifizieren!"

Beide kicherten.

„Sehr lustig! Zwei sind mir eh zu viel. Ich werde wohl eine Auswahl treffen müssen", entgegnete ich mürrisch.

„Sei nicht so, das war nur ein Spaß! Du bist natürlich sensationell gebaut!"

„Unglaublich, sozusagen", stimmte Kastania ein.

„Du hast uns für alle Zeit für andere Männer verdorben!", neckte mich die hübsche Babin, die zuerst meine Freundin geworden war.

„Selbst ein Pferd wird da neidisch!"

„Ist es jetzt gut?", fluchte ich und zog noch einmal an den Decken.

„Oh! Gut? Nein – es ist phantastisch!" – „Sensationell!" – „Unbeschreiblich!" – „Imposant!"

„Argh! Gut jetzt!"

Die beiden Damen hohnlachten über den Boden kugelnd, stießen dabei gegen die Wände, als seien sie Banden, und rollten quer durch den Raum.

Rosanella sprang als Erstes wieder auf.

„Ach! Das war lustig!"

War es nicht!

War es doch!, dachten Rosanella und Kastania gemeinsam.

Wir nahmen eine Weile Platz, entspannten uns, so gut es in dieser Situation ging, und tranken ein wenig Kaffee, genossen noch einmal die Ruhe vor dem Sturm.

Der Wind erhob sich und die frisch geschürten Feuer begannen zu flackern, die Flammen loderten. Ich hatte die Fensterläden geöffnet, sodass wir Licht hatten und, wollten wir unseren Plan erfolgreich zu Ende bringen, durften wir diese nicht schließen. Wir waren auf das Licht angewiesen. Nur die Türen zu den benachbarten Räumen waren geschlossen. Dafür standen die Pforten, die nach hinten auf eine einst prachtvolle Terrasse und in den Garten der Festung führten, weit geöffnet.

„Ah! Ihr seid zurück!", zischten Stimmen und schon bald strömten die Fahlen herein.

„Ich erwarte, dass ihr und die Nachtprinzessin hereinkommt", erklärte ich Pe-Kar, dem ersten der beiden verbleibenden Nachtfürsten, der sich zeigte. „Wir wollen über den Frieden verhandeln. Euer Gefolge kann den Saal verlassen!"

Pe-Kar zischte: „Raus, niederes Volk!", und ließ sich auf einem der Sessel nieder.

Um ihn herum postierten sich ein paar Bewaffnete. Minuten später trat auch Lulila ein. Grinsend trat sie näher und auch sie wurde von einigen Wachen beschützt.

Rosanella deutete zur Tür.

„Kastania, schließe bitte die Tür, wir wollen ungestört bleiben!"

Ich sah der Angesprochenen nach, die nicht nur die Tür schloss, sondern sie auch heimlich verriegelte, wie auch alle

Türen zu den angrenzenden Räumen verriegelt waren. Einzig die Türen nach außen standen noch breit offen.

„Ist euch nicht kalt?" Pe-Kar deutete auf die offenstehenden Durchgänge.

„Mitnichten! Wir brauchen frische Luft. Ich empfinde den Gestank der Jahrhunderte als erdrückend", erklärte ich und sie schienen meine Ausrede zu akzeptieren.

Rosanella trat vor und öffnete den Sack mit dem toten Nachtfürsten.

„Mithocht griff den Hexenmeister an, so musste er sterben! Solltet ihr uns angreifen, werdet auch ihr sterben! Darum rate ich euch, lasst eure Waffen, wo sie sind und wo ich sie sehen kann." Die Stimme der Dorflautesten erhob sich in der Halle und gereichte ihrem Beruf zur Ehre.

Zwangsläufig musste ich grinsen.

„Wir haben die Nachtspitze befreit", verkündete ich.

„Das heißt, der Geist aus alter Zeit wurde besiegt und zurück in die dunklen Reiche gebannt?", hakte Pe-Kar nach. Bislang schien ihm nicht aufgefallen zu sein, wie leise Lulila war.

„Nein, ich sprach mit ihr", sagte ich. „Der Geist war Lulila."

„Lüge!" Die Nachtprinzessin sprang auf. „Sie wollen uns entzweien!"

„Ich glaube euch Sterblichen kein Wort!", fauchte der Nachtprinz und erhob sich ebenfalls.

„Dann lasset es mich beweisen!"

Aus dem Rucksack holte ich mein Telefon, schaltete es ein und wählte das aufgezeichnete Video.

Lulila war deutlich zu sehen: „Hol' etwas zu trinken, wie man dir aufgetragen hat, Kind!", hatte sie Fiona befohlen und uns von ihrem Plan erzählt.

„Lüge! Zauberei!", schrie Lulila, die noch etwas bleicher geworden war.

Pe-Kar reichte schon der erste Teil.

„Du hast dich gegen uns verschworen und willst dich zur Mitternachtskönigin erheben!", schrie er mit abscheulich schriller Stimme und seine Wachen hoben ihre Waffen und die der Nachtprinzessin taten es ihnen gleich.

So standen sich die Fahlen gegenüber.

„Moment!", sagte ich laut. „Ich habe eine Lösung!"

Die frisch gebackenen Feinde sahen sich noch einen Moment an, dann drehten sie sich langsam zu mir und blickten hinab auf mich, wie ich auf dem Sessel saß und sie angrinste.

„Es gibt genau zwei Möglichkeiten. Ihr vertragt euch, geht zurück zur Nachtspitze und ihr werdet einen neuen Nachtprinzessar in euren Kreis aufnehmen und die Baben in Ruhe lassen, solange sie sich eurem Dorf nicht nähern. Wir schließen sozusagen Frieden und ich überlasse euch die Nachtspitze. Oder ich muss leider zum Äußersten greifen."

Pe-Kar musterte mich. „Du glaubst doch nicht, dass dieser Verrat ungesühnt bleiben kann?"

„Natürlich kann er es nicht und wir werden eine Strafe finden, mir geht es nur um das grundsätzliche Vorgehen!"

„Nein! Lulila muss für diese Tat sterben! Sie hat den Tod eines Nachtfürsten in Kauf genommen und wollte auch mich töten lassen!"

„Ja, das ist richtig. Nur kann ich nicht zulassen, dass sie stirbt, denn dann wärst du zu mächtig und ich habe nicht vor, dass du der erste Mitternachtskönig wirst", erklärte ich.

„Es gibt keine Mitternachtskönige!"

„Ja, bislang nicht", gab ich zu. „Und dennoch ist es möglich!"

Natürlich war das gelogen. Ich wusste schlichtweg nicht, ob es einen Mitternachtskönig geben konnte oder nicht, aber das konnten die beiden Fahlen ja nicht ahnen, immerhin hatte der Nachtprinzessar davon nichts gewusst.

Sie blickten einander unsicher an.

„Wir werden das Gleichgewicht wieder herstellen, ansonsten ..." Ich legte eine Pause ein.

„Was? Wirst du uns beide töten?", lachte Lulila. „Glaube nicht, dass du dafür stark genug bist!"

Ich zog an den Decken und Rosanella trat neben mich.

„Was ist das?" Die Fahlen starrten auf die runde Scheibe, die wir freigelegt hatten.

„Das ist eine Sonnenuhr und solltet ihr euch weigern, meinem Vorschlag zuzustimmen, muss ich sie leider als Ultimative Waffe gegen euch einsetzen!"

„Ultimativ wird kleingeschrieben!" Abfällig blickte mich Lulila ob meiner scheinbar unzureichenden Rechtschreibkenntnisse an.

„Nicht in diesem Fall, denn sie ist so mächtig, dass Sie nicht nur euch besiegen, sondern Zeit und Raum und Rechtschreibregeln ändern kann!"

Dieses Mal brachen die Fahlen in ein zischendes Gelächter

aus. Ich schaltete die Lampe ein, sodass der Schatten auf Mitternacht fiel und dann drehte ich die Scheibe. Als der Schatten dem Zeitpunkt der Dämmerung näher kam, begann die Morgenröte einzusetzen.

Das Lachen verzerrte sich zu schrillen Schreien des Grauens und die Fahlen rasten zu den Türen, die allesamt verschlossen waren. Als sie sich nicht öffnen ließen, versuchten sie durch das Holz zu gleiten. Dass sie dazu in der Lage waren, wusste ich, seitdem Mithocht mir all ihre Kräfte offenbart hatte. Stein war für sie undurchdringlich, aber Holz war so weich, dass die Fahlen hindurchtreten konnten. In diesem Fall hinderte sie das Bräunungsspray, mit dem wir die Türen und Vertäfelung bearbeitet hatten, daran, das ihnen bei dem Versuch entsetzliche Wunden beibrachte, sodass die beiden Nachtfürsten innehielten, während sich die ersten Wachen auf dem Boden wanden.

„Ihr habt nur noch Minuten. Ich kann die Zeit auch mit einem kleinen Dreh verkürzen oder … ich gebe euch beiden etwas mehr Zeit. Es liegt an euch, nicht an mir", erklärte ich ihnen. „Na gut, letztlich liegt es doch an mir. Wollt ihr nun sterben oder nehmt ihr eure Plätze wieder ein und sprecht gesittet mit mir?"

„Wir werden reden!"

Ich drehte die Sonnenuhr zurück und die Sonne sank zurück, bis der Schatten wieder so stand, wie er anfangs gestanden hatte.

„Was ist das für ein Zauber?"

„Das ist der alte Zauber der Zeit. Menschen haben einst die Zeit erfunden und viele verrückte Regeln. So muss die Sonne stets passend zum Schatten des Zeigers auf der Sonnenuhr stehen", erklärte ich die komplexen physikalischen Zusammenhänge mit wenigen simplen Worten. „Die ersten Sonnenuhren waren dazu gebaut worden, Herrschaft über die Zeit zu erlangen, und natürlich ist eine Uhr, die von einem Hexenmeister gebaut wurde, noch mächtiger als alle anderen."

Ich würde diese Sonnenuhr danach zerstören müssen. Sie durfte niemals in die falschen Hände gelangen.

Wir redeten und ich erklärte, was ich erwartete. Ich erwartete, dass sie sich zu dritt die Macht teilen würden, zurück zur Nachtspitze kehrten und sich an den Frieden hielten.

Pe-Kar erwartete, dass es zur Bestrafung Lulilas kommen würde, und Lulila, die erwartet hatte, Mitternachtskönigin zu werden, erwartete, dass ihr Plan gescheitert war.

„Lulila wird bis zum nächsten Beltane-Fest in einen Kerker gesteckt. Dann wird es einen neuen Prinzessar geben!", teilte ich ihnen mit. „Wir werden das Fest gemeinsam begehen und du Pe-Kar, wirst der Erste der drei Nachtfürsten, so mein Wunsch!"

Die Dämmeung war nicht mehr fern, als die Nachtfürsten schließlich zustimmten. Lulila wohl, weil sie keine andere Wahl hatte, Pe-Kar dagegen, weil er keine andere Wahl hatte.

„Sie hatten beide keine andere Wahl", ergänzte Rosanella.

„Aber Lulila hatte noch weniger eine Wahl", sprang mir Kastania zu Hilfe.

Spiel zum Tanz

Der März zog vorüber und der Frühling ließ sein blaues Band wieder flattern durch die Lüfte. Süße wohlbekannte Düfte und zwei hübsche Babinnen streiften mit mir ahnungsvoll durchs Land. Während Beltane näher rückte, das Fest, bei dem nicht nur die Hexen auf dem Brocken tanzten, suchten wir nach jemandem, der bereit war, sich mit einem Fahlen zu verbinden.

„Das wird nicht einfach", verkündete die Dorflauteste.

„Wer sollte sich dazu bereiterklären?", zweifelte Kastania.

„Ich weiß nicht, wo wir suchen sollen", bekundete ich. „Aber wir haben den ganzen April Zeit."

So machten wir uns auf nach Babenhausen {Ost}, das näher an der Nachtspitze lag und wo wir zufälligerweise in ein Dorf der Hidden stolperten. Fast hätten wir es nicht bemerkt, denn es lag wirklich versteckt und hätten wir zwischen dem Stolpern nicht noch eine kurze Pause eingelegt, wären wir wieder hinausgestolpert, ohne je zu wissen, wo wir hindurchgestolpert waren.

„Meine Füße tun weh!" Rosanella rieb sich ihre Füße. „Wir sollten jetzt lieber normal weitergehen und aufhören, mit dem ununterbrochenen Stolpern. Ich hielt es anfangs zwar für eine gute Idee, wer weiß, wo man so hineinstolpert, aber es ist auch anstrengend."

„Ich stimme da zu", stimmte ich da zu und auch Kastania pflichtete uns bei: „Ich war auch nur die ersten Minuten davon angetan!"

„Könnt ihr euch woanders hinsetzen?", fragte uns plötzlich eine Stimme.

Ich schaute nach oben, Kastania schaute nach unten, Rosanella schaute nach vorn.

„Hinter euch!"

Ich drehte meinen Kopf nach unten, Kastania nach oben und Rosanella drehte sich herum und schaute hinter sich.

„Oh, Mann!", stöhnte die Stimme des für uns Unsichtbaren. Oder war es gar eine Unsichtbare? „Ich bin vollkommen sichtbar und da meine Stimme weiblich ist, könnt ihr davon ausgehen, dass auch ich es bin. Es ist immer das gleiche, wenn Leute in unser Dorf stolpern. Sie blicken überall hin, nur nicht dorthin, wo wir stehen, nur weil wir Hidden sind!"

„Habt ihr die Stimme auch gehört?", erkundigte ich mich.

„Ja, unheimlich!"

„Geisterhaft!"

Wieder stöhnte die Stimme auf.

„Jetzt dreht euch endlich zu mir!", sagte die Stimme des Unbekannten – oder der Unbekannten ... „Der Unbekannten!"

Vorsichtig blickten wir in die Richtung, aus der die Stimme zu kommen schien, und tatsächlich, wie ein geisterhafter Schemen, nur greifbarer, reeller, fester und deutlicher stand dort eine gut sichtbare Gestalt – oder war es eine Gestaltin?

„Jetzt ist es nicht mehr lustig!"

Die Frau mochte so Mitte zwanzig sein, hatte rabenschwarzes Haar, das feurig rot in der Sonne glänzte und vielleicht doch etwas heller und weniger schwarz als typisch schwarzes Haar wirkte und somit leicht mit feuerrotem Haar zu verwechseln gewesen wäre, wäre ich nicht so ein toller Beobachter gewesen.

Sie trug eine Latzhose aus grünem Stoff und ihr Haar fiel offen zu Zöpfen geflochten über ihre Schultern.

„Ihr sitzt vor meinem Haus, könntet ihr euch bitte woanders hinsetzen?"

„Hier ist ein Haus?" Ich blickte nach oben, Kastania nach unten und Rosanella hinter sich.

„Dieser Hügel hier! Seht! Hier ist der Eingang, mit Stoff verhängt! Dahinter wohne ich und dort möchte ich gerne hinein."

„Was sind das für Leute?", fragte die Stimme einer anderen Unsichtbaren. Oder war es ein Unsichtbarer?

Rosanella dreht sich zum Hügel, Kastania blickte nach oben und ich nach unten.

„Wie macht ihr das, dass wir euch nie sehen können?", fragten wir.

„Ich bin männlich und stehe hier vor euch. Ihr müsst mich bloß anblicken!"

„Woaaaaa!", keuchte Kastania auf, als sie an der Gestalt hinaufblickte. „Ich kann ihn wirklich sehen!"

Und wir sahen ihn wirklich! Ein etwas älterer Mann in einem grünen Hosenlatz mit ebenso feuerroten schwarzen Haaren. Deutlich sichtbar waren seine spitzen Ohren und ein genauerer Blick auf die erste Frau zeigte mir, dass auch sie solche Ohren hatte.

„Leute, die vor meiner Haustür sitzen und etwas essen!"

„Kekse?", fragte ich und hielt die Dose den Hidden entgegen.

„Wir sehen gar kein Haus und keine Öffnung!", gestand Rosanella.

Man sah der jungen Frau förmlich die Erschöpfung an.

„Hinter dem Vorhang!" Sie deutete auf die kreisrunde Öffnung im Hügel, in der ein Stoff hing. Wäre er nicht leuchtend pink gewesen, wäre er uns vielleicht immer noch nicht aufgefallen.

„Das ist auch jedes Mal das Gleiche! Kaum kommen Fremde

in unser Dorf, tun sie so, als seien wir alle unsichtbar und unsere Häuser verborgen", schimpfte der Mann.

„Tut uns leid!", sagten Rosanella und ich zeitgleich wie aus einem Munde. Ich verwendete dabei nur andere Worte: „Entschuldigung!"

„Das war keine Absicht!", behauptete Kastinia, die sich daraufhin gleich vorstellte. „Ich bin Kastania aus Babenbaden, das ist Rosanella, die Dorflauteste aus Babenhausen (Süd), und der stattliche Mann", ich vernahm ein Kichern von meinen beiden Begleiterinnen sowie den beiden Hidden, „ist der Hexenmeister Ingo."

„Ich bin Irmina und das ist Dagwin, mein Vatersfreund."

„Vatersfreund?" Ich hatte das Wort noch nie gehört.

„Er war so freundlich, mein Vater zu werden", erklärte Irmina.

„Ähm, ist er denn nicht von Geburt an dein Vater?", staunte ich. Dagwin lachte.

„Traditionell werden unsere Kinder zu Beltane oder Samhain beim Tanz um das Feuer gezeugt und dort vereinigen sich alle Männer mit allen Frauen. Wer Vater oder Mutter eines Kindes ist, lässt sich so anschließend nicht mehr sagen", erklärte er.

„Gut, das mit den Vätern verstehe ich, aber die Mütter, ich meine die Frauen werden doch schwanger ..."

„Ja, aber kann man sicher sein, dass es ihre Eizellen sind, aus denen das neue Leben erwächst? Immerhin tauschen nicht nur die Männer ihre Partner, sondern die Frauen auch!"

„Klingt einleuchtend", nickte Rosanella und auch Kastania schien, anders als ich, von dieser Erklärung überzeugt.

Doch ich nahm es hin und beschloss, nicht weiter nachzufragen.

„Und was sucht ihr in Hiddenhausen?", hakte die Hiddin, vor deren Türe wir saßen, nach.

Wir erhoben uns und machten den Weg frei.

„Genau genommen sind wir auf dem Weg nach Babenhausen {Ost}, um dort jemanden zu suchen, der bereit ist, sich mit einem der Fahlen zu vereinen, um der nächste Nachtprinzessar zu werden. Natürlich haben wir wenig Hoffnung, so jemanden zu finden, denn ..."

„Ich würde das tun", verkündete Irmina.

„Natürlich ich ebenso", erklärte auch Dagwin.

„Es wird ein neuer Nachtprinzessar gesucht? Da wäre ich dabei", meldete sich eine unsichtbare ...

„Jetzt reicht es aber!", fuhr mich Irmina an.

... sichtbare Gestalt einer älteren Frau und weitere Hidden kamen aus ihren Hügelhäusern, schoben die rosafarbenen und azurblauen, gelben und orangefarbenen Stoffvorhänge zur Seite und versammelten sich um uns.

„Es wäre mir ein Ehre", offenbarte ein Mann und jemand, der wie sein Bruder aussah, gab zu, es sei für ihn eine noch größere Ehre.

„Ich hab' mir gleich gedacht, dass wir schnell jemanden finden werden, der zum neuen Nachtprinzessar werden möchte", erinnerte ich mich.

„Natürlich! Mir war das auch gleich klar", informierte uns Kastania.

„Mir sowieso!"

Wir erlebten noch einige Abenteuer bei und mit den Hidden, aber dies ist eine andere Geschichte und viel zu anspruchsvoll für den durchschnittlichen Leser.

„Ich dachte, für den Autoren", schmunzelte Rosanella und hatte mich damit beim Schwindeln ertappt.

„Ja, vielleicht auch das", gab ich zu.

Die Abenteuer bleiben also vorerst unerzählt (obwohl sie wirklich absolut spitze (und das ist keine Übertreibung (wir wissen ja auch alle, dass der Autor (das bin ich) nie übertreiben würde), darf ich versichern) waren und wir so manchen Abend an Lagerfeuern bei den Baben davon berichteten).

Nachdem wir die Abenteuer hinter uns gebracht und der Autor alle geöffneten Klammern wieder geschlossen hatte, neigte sich der April langsam dem Ende entgegen und wir ließen Babenhausen {Ost} links zu unserer rechten Seite liegen.

Sarolf war schließlich von den Hidden bestimmt worden und wir zogen in einer langen Schlange zur Nachtspitze, wo wir gemeinsam um die Feuer tanzen würden. Alle, wirklich alle Hidden waren dabei und Baben kamen dazu, wie auch Enger und Engerer und Engerste und wie die Völkchen alle heißen wollten.

Eines der Völkchen tippte mir auf die Schultern.

„Wir möchten Lippinger heißen", erklärte es mir.

„So sei es! Ihr seid nun Lippinger und unter diesem Namen werde ich von euch künden", versicherte ich. Was ich hiermit in Kurzform auch tue, denn die großen Abenteuer mit den Lippingern, den Engern, den Engerern, den Engersten und wie die Völkchen alle heißen wollten, hatten noch nicht begonnen.

Wir zogen hinauf auf die Vorhügel der Nachtspitze, immer höher, bis wir schließlich die großen Holzstöße erreichten, um die man tanzen würde. Wagen mit Speisen und Getränken wurden drum herum aufgebaut, Trommeln und allerlei Instrumente (vorwiegend solche der Musik) ausgepackt und als sich die Sonne langsam hinter den Horizont senkte, entfachte man die Feuer und schon bald tanzte man wild um die lodernden Gluten. Niemand, nicht einer, behielt seine Kleidung an.

„Das hast du gut beobachtet", stimmte mir Kastania zu und wollte meinen Lendenschurz herunterziehen.

„Lass' deine Griffel davon", fuhr ich sie an.

„Du musst auch ablegen!", behauptete Rosanella.

„Aber der steht mir gut. Ich weiß gar nicht, wieso ich nicht schon immer so ...", begann ich, wurde jedoch jäh unterbrochen, als die beiden Babinnen zeitgleich an meinem Lendenschurz rissen und mich völlig entblößten. „Also, das ist jetzt peinlich!"

„Du bist ja aufgeregt", feixte Rosanella. „Weil du uns nackig siehst?"

„Nein! Weil mir ähm ... keine Ahnung. Aber sobald mir eine gute Antwort eingefallen ist, werde ich sie mit meiner ganzen Spontanität kundtun!"

Kurz nachdem es dunkel wurde und die Nacht nur von den Feuern erhellt war, kamen die Fahlen und ich war mir nicht ganz sicher, ob da nicht noch andere übernatürliche Wesen zwischen uns tanzten oder ob es verkleidete Menschen waren.

„Das sind Teufel, Dämonen und Geister!", flüsterte mir Kastania ins Ohr und zog mich zum Tanze zwischen die Feuer.

Sarolf tanzte mit Rudra, einem der Fahlen, und während die Vereinigung für die beiden begann, zogen mich Kastania und Rosanella auf den Boden und küssten mich.

Hände – warme, kalte, seltsame, unmenschliche – streiften uns, während das Feuer uns wärmte und Licht spendete.

„Heute Nacht werden viele Kinder gemacht", hauchte mir Rosanella ins Ohr.

„Oh ja, denn dafür ist das Fest da!", flüsterte Kastania.

Ich war etwas erschrocken, denn darauf war ich nicht vorbereitet.

Der Tanz, die Musik, die Bewegungen, das Lachen und die Gestalten, die sich zur Musik oder Leidenschaft wanden, vermischten sich. Meine Sicht war getrübt für das, was uns umgab, hatte ich doch nur Augen für die zwei schönen Frauen. Wir küssten einander und liebkosten uns und waren bei Weitem nicht die Einzigen, die sich der Hitze des Feuers hingaben.

Epilog

Auf der Rückfahrt von Babenhausen (Süd) ließ ich die Ereignisse der letzten Tage noch einmal Revue passieren. Es gab einen neuen Prinzessar und es hatte einen neuen Namen gewählt: Nebruel. Die Fahlen hatten sich zurückgezogen und wir hofften auf Frieden. Wir hatten versucht, Fionas kleine Schwester zu heilen, und ich hatte die Macht angewandt, die ich durch Mithochts Seele in mich aufgenommen hatte. Ich hoffte, dass diese gereichte, die Krankheit zu heilen. Einen zweiten Versuch würde es nicht geben, ohne die Kraft eines weiteren Fahlen in mich aufzunehmen.

Guten Mutes waren wir zurückgekehrt über Babenhausen {Ost}, das seinen geschweiften Klammern wirklich alle Ehre machte und im ganzen Aufbau ebenso geschweift wirkte wie die Klammern in seinem Namen. Von dort aus erlebten wir einige so aufregende Abenteuer, dass Sie diese nur mit einem Gesundheitsattest lesen dürfen, weswegen sie nicht Teil des Reiseberichts sind. Dann ging es weiter bis nach Babenhausen (Süd), wo wir zu dritt eine Woche im Haus der Dorflauesten verbrachten und es nur zum Baden an den heißen Quellen verließen oder dann, wenn uns Fantarisina hinauszog und wir keine weiteren Ausreden mehr fanden.

Ich wäre gerne geblieben, doch ich wusste, dass dies nicht meine letzte Reise nach Babenhausen (Süd) gewesen sein sollte.

Rosanella und Kastania brachten mich zusammen mit den anderen Baben zur Endhaltestelle und schließlich fuhr ich traurig und einsam davon. Ich musste mal wieder arbeiten – daran führte kein Weg vorbei – und außerdem gab es eine Geschichte aufzuschreiben.

Des Weiteren wollten mich meine Freunde mal wieder sehen und so lud ich zum Essen ein. Alle kamen und irgendwie noch mehr, sodass mein Haus von oben bis unten voll war. Auch Susanne Spinner, Philipp, Christa und Denise waren dabei. Mein bester Freund ebenso und viele, viele andere (von denen ich einige nicht einmal mit Namen kannte). Und natürlich wollten sie Geschichten hören.

Anhängende Anhänge

Von den Bändern

Nicht ganz einfach ist es um die Bänder bestellt, die von den Baben getragen werden. Zum einen gibt es die Bänder an den Armen, die auf den Berufsstand hinweisen: Jeder, der noch keinen Beruf hat, darf keine Bänder tragen. Weiß hingegen ist den Lehrlingen vorbehalten. Hellblaue Bänder weisen auf eine allgemeine Berufsausbildung hin. Einige wenige Berufe erlauben es, andere Bänder zu tragen. Bauern, Bäcker und Müller (mit Mühlen für Mehl) dürfen braune Bänder tragen, andere Handwerke dunkelblaue. Jäger erhalten rote Bänder. Lehrmeister und Weise legen gelbe Bänder an. Gelb und Grün zusammen zeichnen einen als Gast aus, der kein Babe ist. Zusätzlich zu ihrer Berufsfarbe tragen Meister ihres Fachs schwarze Bänder, die Dorflautesten werden durch die Farbe Violett gekennzeichnet. Nur Zauberern und Hexenmeistern steht es zu, orangefarbene Bänder anzulegen.

Bänder an den Schenkeln zeigen den Beziehungsstatus an. Wer zu jung ist, darf keine Bänder tragen. Grüne Bänder bedeuten, man ist frei und sucht einen Partner. Orange bedeutet frei (also nicht verheiratet), aber nicht suchend. Mit roten Bändern zeigt man, dass man in einer festen Beziehung ist. Blau bedeutet verheiratet und Schwarz in Trauer. Ach, und dann gibt es noch die weißen an den Beinen. Aber nicht überall. Sie bedeuten, dass eine Person nicht angefasst werden darf, weil es sonst derbe Ärger mit den Eltern gibt.

Personen

Achthelm ist Wachmann an der Brücke nach *Babenhausen <Mitte>* und wird beinahe in ein Huhn verwandelt ... jedenfalls hat er seitdem Hühneraugen.

Ba ist der Babier im Ort. Richtig, der ohne R. Er bietet Bier, Bartrasuren (oder muss es Batrasuren heißen?) und die schicksten Frisuren der Babenwelt, so wie zum Beispiel Haar kurz und Haar ab.

Basaltar ist nicht nur der Cousin von Minette aus Festen, sondern seines Zeichens auch Wachmann in der Ausbildung. Und just in diesem Moment sitzt er im Südlichen Finger am Hexenberg und spielt Karten.

Brüllhart – nicht nur Bewohner von *Babenhausen <Mitte>*, sondern auch Dorflautester (und damit nicht der einzige Dorflauteste, dessen Name auf *-hart* endet, was für ein Zufall) – bringt die Reisenden zu der Zauberin von *Babenhausen <Mitte>* und drückt sich davor, sie auf den Hexenberg zu begleiten.

Dagwin ist eine Hidde und wir lernten ihn zusammen mit Irmina kennen, deren Vaterfreund er ist.

Donnerhold ist die Zauberin von *Babenhausen <Mitte>* und schickt mich auf den Hexenberg (ich Armer).

Eichenhart ist ein Babenbade und damit auch ein Südbabe, aber eben nicht aus Babenhaus (Süd) sondern aus Babenbaden. Er ist der Dorflauteste der kleinen Siedlung am See.

Fannick ist nicht nur Rosanellas Bruder, er ist sogar Rosanellas großer Bruder und als solcher nicht nur älter, sondern auch noch größer als sie.

Fantarisina ist eine bei der ersten Reise acht Jahre alte Göre und die erste Babin, der ich jemals begegnete.

Fiona ist die Dienerin der Nachtprinzessin Lulila.

Geodor ist der erste Wachhabende im Südlichen Finger, einem Wachturm am Hexenberg in der Nähe von Festen.

Ingo bin ich. Vielleicht haben Sie mich vor Kurzem auch irgendwo gesehen. Haben Sie über einen ganz besonders tollen Menschen gestaunt, den Sie noch nicht kannten? Genau, das war ich! Ehrlich!

Irmina ist die erste Hiddin, der wir je begegneten und Tochterfreundin von Dagwin.

Jock der Große, züchtet Pferde (und man sollte ihn nicht mit dem kleinen Jock verwechseln) und hat einen Hof, auf dem er allerlei Essbares anpflanzt.

Kastania von den Babenbaden ist eine Schankmagd, die Tochter von Buchsbaumia und Pappelapapas, der nach einem Unfall nicht mehr Erster Jäger der Babenbaden ist, sondern die Dorfkneipe übernahm, und begleitet Rosanella und Ingo, seitdem die nach Babenbaden kamen.

Lilianita ist die Mutter von Fantarisina und mit dem jüngeren Öhm verheiratet.

Lulila ist die Nachtprinzessin der Fahlen und damit eine der drei Führer.

Minette von den Nordbaben in Festen führt die Reisenden zum Hexenpfad, damit sie sicher den Berg erklimmen können.

Mithocht ist Nachtprinzessar, weder Frau noch Mann, ist er das dritte Geschlecht, dass es nur bei den Fahlen gibt und zusammen mit Lulila und Pe-Kar einer von drei Führern.

Murgela ist nicht nur eine der ältesten Baben, sondern auch eine, die in diesem Reisebericht nicht einmal erwähnt wird.

Öhm der Ältere war Dorflautester vor Rosanella und ist nicht verwandt mit Öhm dem Jüngeren. Heute freut er sich einfach, seinen Rat geben zu dürfen.

Öhm der Jüngere ist Fantarisinas Vater und der Ehemann von Lilianita.

Olaf, Karls Sohn, ist der weltbeste Reetdachdecker und der einzige Babe, der immer eine Mütze trägt.

Orangella aus Babenbaden sieht Rosanella wirklich ähnlich, als seien sie Zwillinge – mal abgesehen von dem dunkel gefärbten Haar. Wie das wohl kommen mag?

Orlock ist ein Troll. Ja, sie haben richtig gelesen: Ein waschechter Troll und kein eingelaufener Hänfling wie die Trollander. Er ist der Eigentümer und aus steuerlichen Gründen zugleich Pächter des Mohrakopfs. Seine Eltern und Geschwister wohnen in der Nähe von Babenhausen [Nord].

Pe-Kar ist der Nachtprinz der Fahlen und damit einer von drei Führern.

Perlita ist die Dorflauteste von Festen, Ehefrau von Cipollino und Mutter von Minette.

Rosanella ist die Dorflauteste und ist nicht nur mit einem lauten Organ, sondern auch mit blonden Haaren, einem hübschen Gesicht und einer sportlichen Figur gesegnet. Außerdem sagt man sich, sie habe einen besonders guten Geschmack, was Männer anginge.

Rudra ist wohlbekannt als Fahle! Und er wurde dazu erwählt, sich mit Sarolf zu vereinen.

Saerdna ist ein Irrwicht aus den Ruinen.

Sarolf, den kennen Sie ja schon zu Genüge, spielt er doch keine besonders große Rolle, bis wir zu den Hidden kamen. Ach ja. Und zu Beltane tanzt er mit Rudra, jedenfalls glaube ich das. Ich verliere ihn dann irgendwie aus den Augen.

Skarn ist ein ganz schön mürrischer Typ aus Festen und tut zusammen mit Basaltar seinen Dienst unter Geodor.

Tjonken ist der gut zweimeterzwanzig große und verdammt starke Schmied im Dorf. Ein Mann, zu dem man aufblicken muss – wenn man nicht gerade Olaf heißt und auf einem Dach sitzt.

Trolland Irrwanna ist die Mutter von Trolland Tumb und die Obertrollanderin von Trollandhausen (Süd) – wie aber eigentlich jeder Ort der Trollander heißt.

Trolland Tumb ist einer der Trollander und gibt sich bei den Lauerbolden als Geist Niemand aus.

Tulperinata ist die Schwester von Violettina. Beide sind über einmeterneunzig und ihnen gehört die Toilettenpapiermühle im Dorf.

Violettina ist die Schwester von Tulperinata. Beide sind über einmeterneunzig und ihnen gehört die Toilettenpapiermühle im Dorf.

Wisch ist ein Lauerbold, der sich an Rosanella und Ingo heranschleicht und das schnell bereuen soll.

Ingo R. R. Höckenschnieder

Ingo (Raulsson[1] Riebesehl[2]) Höckenschnieder, jüngster Sohn[3] einer alten südnordostwestfälischen Hochadelsfamilie, durchwanderte auf seinen Reisen die erstaunlichsten Länder dieser Welt. Vom Babenland über die Dschungel des Teutoburger Waldes, der Pampa nahe Iserlohn und dem Hochgebirge Harz entdeckte er die entlegensten und eigentümlichsten Orte der Welt. Im abgeschiedenen Westfalen verehren ihn die Eingeborenen als Propheten und selbst in den Wüsten Brandenburgs ist er weithin bekannt, nicht nur für die Teilnahme (und seinem grandiosen Sieg) beim Sieben-Tage-Steckenpferdwüstenrennen. In seiner Heimat Herford wurde er mehrfach mit dem berühmten Ingo R. R. Höckenschnieder Literaturpreis ausgezeichnet und ist Verfasser zahlreicher Bücher und Romane, die noch nicht einmal veröffentlicht wurden.

Er arbeitete unter anderem als Luftballonaufpuster, Schokoladentester, Puddingrührer, war Profi-Steckenpferdreiter, Unterwasserseifenblasenpustemeister und hat sich über siebzig Rezepte für Schokoladenkuchen ausgedacht, von denen bis heute noch nicht eines ausprobiert wurde. Einige Jahre war er außerdem erfolglo... ähm, erfolgreich Dozent an verschiedenen Schulen, die sich selbst gerne als Hochschulen bezeichnen würden, diesen Titel aber ohne ihn gar nicht verdienen.

In seiner Freizeit spielt er AC/DC auf seiner Maultrommel und tanzt Salsa in der südnordfälischen Tanzkombo *Ingo und die Salsasisters*.

---

[1] Gesprochen: Ra-uhls-zon
[2] Gesprochen: Ernst-Au-gust
[3] Sieht man mal von seinem eigenen Sohn ab, der tatsächlich noch jünger ist als er selber.

Unabhängige Pressestrimmen

Phantastisches Buch – ich habe es gleich dreimal gelesen!
(Der Lektor)

Super! Ich wollte schon immer mal wissen, was da in Babenhausen so abging. Ich weiß gar nicht, wie ich ohne dieses Buch leben konnte.
(Ehefrau des Autors)

Vat ... ich meine, der Autor hat das gaaaanz toll gemacht.
(Sohn des Autors)

Ich kann nichts Schlechtes über dieses Buch sagen. Ich hab's aber auch nicht gelesen.
(Bester Freund des Autors)

Noch nie wurde so viel Wahres über uns berichtet und so wundervoll niedergeschrieben wie in diesem genialen Buch.
(Rosanella, Dorflauteste, Babenhausen (Süd))

Das müssen Sie einfach selber gelesen (und gekauft) haben! Ich bin wirklich angetan von diesem herausragenden Werk. Hätte ich es nicht selber geschrieben, hätte ich es glatt selber geschrieben!
(Der Autor)

Inhaltsverzeichnis

Prolog 5
Die erste Reise 10
   Guten Abend, gute Nacht und ein Feuer 24
   Urzeit 37
   Eine wilde Begegnung 55
   Eins, zwei, Zauberei 74
   Abendbrot mausetot oder so 100
   Zum Abschied 116
Die zweite Reise 122
   Die Nordbaben, die Südbaben und die Baben, die wir dazwischen haben 141
   Von ganz unten nach ganz oben 170
   Der Flug auf dem Hexenberg 199
   Der Hort der Fahlen 220
   Die Macht des Mondes 236
   Spiel zum Tanz! 257
   Epilog 266
Anhängende Anhänge 268
   Von den Bändern 268
   Personen 269
   Ingo R. R. Höckenschnieder 274
   Unabhängige Pressestimmen 275